浙江省教育厅一般科研项目 Y202146502："'双高计划'背景下高职院校工匠型师资队伍建设研究"

浙江纺织服装职业技术学院科研项目：2021-1B-002 "'一带一路'背景下高职院校'4+X'复合型师资队伍建设研究"

高校"双师型"教师队伍建设与评价改革研究

洪 宇 著

中国原子能出版社

图书在版编目（CIP）数据

高校"双师型"教师队伍建设与评价改革研究 / 洪宇著. --北京：中国原子能出版社，2023.8
ISBN 978-7-5221-2887-0

Ⅰ. ①高…　Ⅱ. ①洪…　Ⅲ. ①高等学校–教师–师资队伍建设–研究　Ⅳ. ①G645.12

中国国家版本馆 CIP 数据核字（2023）第 153932 号

高校"双师型"教师队伍建设与评价改革研究

出版发行	中国原子能出版社（北京市海淀区阜成路 43 号　　100048）	
责任编辑	白皎玮　王齐飞	
责任印制	赵　明	
印　　刷	北京天恒嘉业印刷有限公司	
经　　销	全国新华书店	
开　　本	787 mm×1092 mm　1/16	
印　　张	12.75	
字　　数	202 千字	
版　　次	2023 年 8 月第 1 版　2023 年 8 月第 1 次印刷	
书　　号	ISBN 978-7-5221-2887-0　　　**定　价**　78.00 元	

发行电话：**010-68452845**　　　　　　版权所有　侵权必究

前　言

进入 21 世纪以来，我国职业教育获得了快速发展，尤其是 21 世纪的第二个 10 年，我国现代职业教育体系已初步建立起来。面对全球经济发展的新环境，未来，我国职业教育的发展面临着更大的机遇和挑战。近年来，为了进一步推动我国职业教育的发展，提升我国职业教育质量，构建我国职业教育品牌，我国教育部有关部门出台了一系列推动职业教育发展的政策。其中包括职业教育发展的"双高计划"等。

职业教育与其他普通高等教育不同，更加注重人才的技术和技能培养，"双师型"教师在职业教育发展中起着至关重要的作用。然而，现阶段，我国"双师型"教师队伍建设和评价体系还面临着一系列挑战。

本书从以下几个方面对"双师型"教师队伍进行了研究。

第一章，从"双师型"教师的概念和内涵、"双师型"教师队伍建设与评价改革的理论基础两个方面对"双师型"教师的理论进行概述。

第二章，从高校"双师型"教师队伍建设与评价改革的背景、新机遇和新挑战对高校"双师型"教师队伍建设与评价改革的新趋势进行了详细分析。

第三章，从高校"双师型"教师队伍建设与评价改革的价值、原则和实施策略三个方面对高校"双师型"教师队伍建设与评价改革的意义进行了分析。

第四章，从高校"双师型"教师师德素养能力概述、高校"双师型"教师师德素养能力的培养路径、高校"双师型"教师师德素养评价改革思路探索三个方面，对高校"双师型"教师师德素养能力培养与评价改革进行了研究。

第五章，从高校“双师型”教师课程思政教育能力概述、高校“双师型”教师课程思政教育能力的培养路径、高校“双师型”教师课程思政教育能力评价改革思路探索三个方面，对高校“双师型”教师课程思政教育能力与评价改革进行了研究。

第六章，从高校“双师型”教师教学能力概述、高校“双师型”教师教学能力建设的路径、高校“双师型”教师教学能力评价改革思路探索三个方面，对高校“双师型”教师教学能力建设与评价改革进行了研究。

第七章，从高校“双师型”教师专业建设能力概述、高校“双师型”教师专业建设能力培养的路径、高校“双师型”教师专业建设能力评价改革思路探索三个方面，对高校“双师型”教师专业建设能力培养与评价改革进行了研究。

第八章，从高校“双师型”教师社会服务能力概述、高校“双师型”教师社会服务能力培养的路径、高校“双师型”教师社会服务能力评价改革思路探索三个方面，对高校“双师型”教师社会服务能力培养与评价改革进行了研究。

第九章，从高校“双师型”教师国际化能力培养概述、高校“双师型”教师国际化能力培养的路径、高校“双师型”教师国际化能力评价改革思路探索三个方面，对高校“双师型”教师的国际化能力培养与评价改革进行了研究。

本书内容翔实，论述清晰，逻辑性强，适合对高职院校“双师型”教师队伍建设与评价改革感兴趣的读者阅读。

目　录

第一章
"双师型"教师理论概述

第一节 "双师型"教师的概念和内涵

"双师型"教师的概念是伴随着我国职业教育的兴起与快速发展而出现的概念，本节主要对"双师型"教师的概念和内涵进行详细阐释。

一、"双师型"教师的概念

进入 21 世纪以来，我国职业院校教师队伍建设取得了较大成就，职业院校教师的整体素质呈现出稳步提升的态势。尤其是近年来，我国职业院校的"双师型"教师所占比重不断增加。

2022 年 5 月，教育部召开的第三场"教育这十年""1+1"系列新闻发布会上，教育部教师工作司司长指出，2021 年，我国职业院校的专任教师人数为 129 万人。其中"双师型"教师在专业课教师中的占比已超过 55%。

（一）政策文本视角的"双师型"教师概念

我国高职教育兴起于 20 世纪 80 年代。20 世纪 90 年代，高职教育在我国正式确立。"双师型"教师的概念最早提出于 20 世纪 90 年代。1995 年，我国原国家教育委员会提出，建设"专兼结合、结构合理、素质较高的师资队伍；专业课教师和实习指导教师具有一定的专业实践能力，其中有 1/3 以上的'双师型'教师，师资队伍结构合理，水平较高；专业课教师和实习指导教师基本达到'双师型'要求。"这是"双师型"教师概念在我国政策文件中第一次明确提出。自此之后，我国多个教育文件中均提出要建设"双师型"队伍（见表 1-1）。

表 1-1　包含"双师型"教师的重点政策文件一览表

时间	政策文件	重点内容
1995 年	《关于开展建设示范性职业大学工作的通知》	申请试点建设示范性职业大学的基本条件……有一支专兼结合、结构合理、素质较高的师资队伍。专业课教师和实习指导教师具有一定的专业实践能力,其中有 1/3 以上的"双师型"教师
1997 年	《关于高等职业学校设置问题的几点意见》	要采取教师到企事业单位进行见习和锻炼等措施,使文化课教师了解专业知识,使专业课教师掌握专业技能,提高广大教师特别是中青年教师的实践能力。要注意从企事业单位引进有实践经验的教师或聘请他们做兼职教师。要重视教学骨干、专业带头人和"双师型"教师的培养
1998 年	《面向 21 世纪深化职业教育改革的原则意见》	要采取教师到企事业单位进行见习和锻炼等措施,使文化课教师了解专业知识,使专业课教师掌握专业技能,提高广大教师特别是中青年教师的实践能力
2000 年	《教育部关于加强高职高专教育人才培养工作的意见》	抓好"双师型"教师的培养,努力提高中、青年教师的技术应用能力和实践能力,使他们既具备扎实的基础理论知识和较高的教学水平,又具有较强的专业实践能力和丰富的实际工作经验
2010 年	《国家中长期教育改革和发展规划纲要(2010—2020 年)》	指明大力培养持有专业技术资格证书和职业资格证书的教师,同时指出,依托相关高等学校和大中型企业共同建设"双师型"教师培养培训基地,加大"双师型"教师的培养力度
2011 年	《关于实施职业院校教师素质提高计划的意见》	提出通过实施职业院校专业骨干教师培训项目、中等职业学校青年教师企业实践项目、职业院校兼职教师推进项目、职教师资培养培训体系建设项目等培养既具备理论知识,又具备实践经验和实践知识的教师
2018 年	《关于全面深化新时代教师队伍建设改革的意见》	支持职业院校专设流动岗位,适应产业发展和参与全球产业竞争需求,大力引进行业企业一流人才,吸引具有创新实践经验的企业家、高科技人才、高技能人才等兼职任教。完善职业院校教师考核评价制度,双师型教师考核评价要充分体现技能水平和专业教学能力
2019 年	《国家职业教育改革实施方案》	加强职业技术师范院校建设,优化结构布局,引导一批高水平工科学校举办职业技术师范教育。实施职业院校教师素质提高计划,建立 100 个"双师型"教师培养培训基地,职业院校、应用型本科高校教师每年至少 1 个月在企业或实训基地实训,落实教师 5 年一周期的全员轮训制度
2019 年	《深化新时代职业教育"双师型"教师队伍建设改革实施方案》	突出"双师型"教师个体成长和"双师型"教学团队建设相结合,提高教师教育教学能力和专业实践能力,优化专兼职教师队伍结构,大力提升职业院校"双师型"教师队伍建设水平,为实现我国职业教育现代化、培养大批高素质技术技能人才提供有力的师资保障
2020 年	《职业教育提质培优行动计划(2020—2023 年)》	实施新一周期"全国职业院校教师素质提高计划",校企共建"双师型"教师(含技工院校"一体化"教师,下同)培养培训基地和教师企业实践基地,落实 5 年一轮的教师全员培训制度
2021 年	《关于推动现代职业教育高质量发展的意见》	完善职业教育教师资格认定制度,在国家教师资格考试中强化专业教学和实践要求……支持高水平学校和大中型企业共建双师型教师培养培训基地,落实教师定期到企业实践的规定,支持企业技术骨干到学校从教,推进固定岗与流动岗相结合、校企互聘兼职的教师队伍建设改革
2021 年	《实施职业院校教师素质提高计划(2021—2025 年)的通知》	支持高水平学校和大中型企业共建"双师型"教师培养培训基地、企业实践基地,充分发挥引领作用,辐射区域内学校和企业,提升校企合作育人水平

从表 1-1 中政策文件中提及的"双师型"教师的概念可以看出，政策文件视角的"双师型"教师，均为既具有理论教学能力，又具有实践教学能力和社会服务能力的教师；既能够培养高素质技术技能型人才，又能通过专业和科研服务社会。

（二）学者研究视角的"双师型"教师概念

在我国正式出台"双师型"教师的有关政策文件之前，我国一些学者即注意到职业教育教师的特殊性，并较早提出了"双师型"教师的概念，从学术视角对"双师型"教师的概念进行定义。

1990 年王义澄在其发表的《建设"双师型"专科教师队伍》一文中最早提出了"双师型"的概念。在这篇文章中，王义澄以上海冶金专科学校教师培养经验为例，提出通过让教师和学生一起参加生产学习、毕业实习、到工厂实习、参与重大工程项目、技术咨询服务等培养"双师型"教师。

之后，我国学者分别从多个视角对"双师型"教师的概念进行定义，提出了多种见解（见表 1-2）。

表 1-2　学者视角的"双师型"教师概念一览表

概念	概念阐释	概念分析
双职称	该观点认为"双师型"教师是指教师既获得学术系列专业技术职称，又获得技术系列专业技术职称，只有获得双职称的教师，才能称之为"双师型"教师	对"双师型"教师的认定偏向于外在形式，不能涵盖所有"双师型"教师类型
双证书	该观点认为"双师型"教师是指具备学历证书和技术证书"双证书"的教师	与双职称说法类似，不能涵盖所有"双师型"教师类型
双素质	该观点又可细分为两种观点 （1）既具备的学术科研能力，也具备特定技术的应用能力、理论教学和实践教学素质的教师 （2）"双师型"教师需要达到两个层次之"双"要求：一是"经师与技师"的知识与技术能力教师要求，即经典专业知识＋精湛专业技术，要求教师在教育过程中既能讲授专业知识，又能传授实践性技能；二是"人师和事师"的素质要求："价值引导＋职业指导"，要求教师既能导引学生塑造人格和价值观，又能指导学生选择职业并规划职业生涯	与前两种说法相比，更加重视教师的内在素质
双来源	该观点认为"双师型"教师是指同一所职业院校的教师队伍构成包括两种来源，一部分来源于学校的"理论型"专任教师；另一部分来源于企事业生产第一线聘任的兼职教师，即"技能型"实用人才	仅从来源方面，而非能力和素质方面对教师进行了规定

概念	概念阐释	概念分析
双对象	该观点认为"双师型"教师是指同一所职业院校的教师无论从个体层面还是整体层面来看,均具有"双"资质。从个体层面来看,个体教师应当既具有理论知识又具有实践知识的资质;从整体层面来看,同一所职业校的教师由理论型教师和实践型教师组合而成,既有校本师资,也有校外聘请的实践经验丰富的兼职教师	此概念较为全面,认识到了仅从外在形式和教师内在素质方面对教师进行"双师"认定的局限性

从表 1-2 中学者视角的"双师型"教师概念来看,不同概念均具有一定的合理性和不全面之处。然而,正是由于这些不同类型概念的存在,才促进了"双师型"教师概念的不断发展,丰富了"双师型"教师的理论,同时推动"双师型"教师的内涵朝着更加丰富的方向发展。

二、"双师型"教师的内涵

现阶段,"双师型"教师广泛存在于我国中、高职院校和普通应用型本科院校之中。本书主要对高职院校的"双师型"教师概念、队伍建设和评价创新进行研究。

"双师型"教师的提出与发展,与高职院校,以及普通应用型本科院校的人才培养的特点息息相关。高职院校强调教育与职业的密切相关性,所培养的人才具有较强的职业倾向。因此,高职院校的教师不仅应当具备普通高等院校教师所必备的专业知识和素养,同时也应当具备较强的实践知识,具有相关行业从员人员的基本知识和素养,唯其如此才能为社会培养相应的人才。"双师型"教师的内涵,具体包括以下几个方面。

(一)"双师型"教师的素质

高校(这里特指普通高职院校)"双师型"教师的素质包括高校教师基本的教育素质,以及职业工作相关素质等双重素质。

高校"双师型"教师属于高等教育范畴的教师,应当具备从事高等教育职业的基本素质,即具有高尚的师德,具有较为深厚的文化修养和专业理论基础。具有教育科学素养、深厚的文化素养和专业理论知识。除此之外,高校双师型教师作为职业教育或应用型本科院校的教师,还应当具备较高的职业道德、实践技能技巧，以及相关专业人才走出校门，走上社会后的发展前景与趋势，以便能够在教育教学中更好地对学生进行教学指导、实践指导，及职业生涯指导（见表 1-3）。

表 1-3 "双师型"教师的素质内涵一览表

素质类型	细分类型	作用
高校"双师型"教师的基本教育素质	高尚的师德	能够对学生的世界观、人生观和价值观产生直接或间接的影响
	教育科学素质	掌握一定的教育理论，并遵循教育规律解决教学实践问题，能够运用教育知识和技能按时完成教学计划，达成教学目标，并科学地对教学效果进行评价等
	文化底蕴	具有广博的文化知识和精通专业的系统知识，具备扎实而深厚的理论功能，通过敏锐的洞察力
高校"双师型"教师的职业工作相关素质	高尚的职业道德	能够对学生的职业意识、职业情感和职业行为产生直接或间接的影响
	良好的实践技能和专业操作指导素质	能够在教学中为学生提供专业的操作示范，对学生在实践操作中遇到的难题给予指导，切实培养学生良好的实践能力
	职业指导的专业化素质	能够给予学生职业指导，帮助学生明晰未来的职业规划和职业发展

（二）"双师型"教师的能力

高校"双师型"教师的能力与高校"双师型"教师的素质相对应。高校"双师型"教师的能力包括两方面的能力，即胜任专业理论教学的能力、指导学生进行专业实践的能力。

高校"双师型"教师作为高校教师，应当掌握充足的专业理论知识，掌握相关专业领域的最新科研技术和科研成果，关注相关领域的最新发展动态，能够胜任专业理论教学的能力，在对学生进行相关专业的理论知识指导时，向学生介绍相关专业行业的新知识、新技术、新理念，以便学生掌握相关行业理论的同时，清晰地了解相关行业的专业发展趋势。

高校"双师型"教师指导学生进行专业实践的能力包括"双师型"教师本人应当具有某一行业特定岗位群的技术技能，熟悉生产实践，并且能够从事相关专业技术开发和专业技术服务的工作，具有相关岗位的资格证书或技能证书相关的证书，具有较强的理论与实践综合能力。此外，"双师型"教师还应当能够把握前沿问题，并且具有较强的技术创新和产品开发能力，能够在专业领域内从事试验、生产、技术开发和科研等工作。

三、"双师型"教师的标准

现阶段，由于"双师型"教师的概念存在一定的争议性，我国有关部门并未出台"双师型"教师的认定标准。

2004年，我国教育部办公厅发布了《关于全面开展高职高专院校人才培养工作水平评估的通知》，其中对"双师型"教师的标准进行了清晰的要求，指出双师素质教师是指具有讲师（或以上）教师职称，又具备下列条件之一的专任教师：

（1）有本专业实际工作的中级（或以上）技术职称（含行业特许的资格证书、及其有专业资格或专业技能考评员资格者）；

（2）近五年中有两年以上（可累计计算）在企业第一线本专业实际工作经历，或参加教育部组织的教师专业技能培训获得合格证书，能全面指导学生专业实践实训活动；

（3）近五年主持（或主要参与）两项应用技术研究，成果已被企业使用，效益良好；

（4）近五年主持（或主要参与）两项校内实践教学设施建设或提升技术水平的设计安装工作，使用效果好，在省内同类院校中居先进水平。

从这一标准来看，这里所指的"双师型"教师的概念较为模糊，或拥有相关证书，或具有较强的实践经验和实践成果等。然而这一"双师型"教师的评选标准并不具体，相对模糊。

近年来，伴随着我国社会经济的快速发展，以及职业教育的快速发展，2022年《教育部办公厅关于开展职业教育教师队伍能力提升行动的通知》中指出要"研制新时代职业院校'双师型'教师标准"。

尽管新时代职业院校"双师型"教师标准尚未出台，近年来，一些高职院校在建设"双师型"教师队伍的过程中，逐渐摸索并制订出适合该校的"双师型"教师标准。

例如Z校作为我国中部省区的高职院校，近年来在"双师型"教师队伍方面表现突出，2017 年 Z 校公布的"双师型"教师认定条件如表 1-4 所示。

表 1-4 Z 校公布的"双师型"教师认定条件一览表

项目	内容
认定条件	（一）具备下列条件之一者，可认定为双师素质教师： 1. 取得相关专业（非教师系列）执业资格证书或中级及以上专业技术资格（任职资格）证书； 2. 具备专业技能考评员资格。 （二）具备下列条件之二者，可认定为双师素质教师： 1. 近五年中有六个月以上（可累计计算）在企业一线本专业实际工作经历，能全面指导学生专业实践实训活动； 2. 近五年主持或主要参与（限前 2 名）应用技术研究，成果已被企业使用，效益良好； 3. 近五年主持有校内实践教学设施建设或提升技术水平的设计安装工作，使用效果好，在省内同类院校中居先进水平； 4. 近五年主持或主要参与（限前 2 名）有横向科研项目，并通过学校和合作单位双方验收； 5. 任兼职实验员满三年，且经本单位考核合格，设备完好率高，使用效果良好； 6. 教师本人参加省级以上专业技能竞赛获省级一等奖以上或指导学生参加省级以上专业技能竞赛获省级一等奖以上的指导教师或五年内累计担任"优长班"任课教师两年及以上，班级绩效考核合格或指导的学生社团获国家级奖项。

从 Z 校公布的"双师型"教师认定条件可以看出，该校既注重"双师型"教师的"双证"资质，同时，也较为注重"双师型"教师的实践素质和能力，以及教学素质和能力。

除了 Z 校之外，其他高职院校出台的"双师型"教师认定标准，通常也将有关的资格证书或近五年研究成果的社会转化成果等作为"双师型"教师认定的主要标准。这些标准通常具有一定的可量化特点，例如工作年限、资格证书认定，以及发表成果、成果转化的数量，在省级以上专业技能竞赛中的获奖名次等。

这些认定标准通常更加侧重于教师的专业技能教学或实践素质或能力，而对教师的师德，及其在学生生涯发展方面的素质或能力的要求则没有涉及或没有具体标准，易导致一些高职院校陷入为认定"双师型"教师而制定认定标准的情况。由此可见，新时代背景下，高职院校"双师型"教师标准的制定迫在眉睫。

师资力量是教学第一生产力，"双师型"教师在促进高职教育的建设和发展中起着极其重要的作用，有利于推动高职教育的人才培养质量，促进高职教育的发展与改革。鉴于"双师型"教师队伍建设的作用与价值，近年来，我国教育部出台了一系列推动高校"双师型"教师队伍建设和改革的文件。2019 年 1 月国务院颁布了《国家职业教育改革实施方案》，其中指出随着我国进入新的发展阶段，产业升级和经济结构调整不断加快，各行各业对技术技能人才的需求越来越紧迫，职业教育重要地位和作用越来越凸显，为了推动新时代职业教育，特实施国家职业教育改革，多措并举建设 "双师型"教师队伍。

同年 5 月，教育部发布了《全国职业院校教师教学创新团队建设方案》，要求进一步加强"双师型"教师队伍建设。

同年 9 月，教育部、国家发展改革委员会、财政部和人力资源社会保障部四部门共同印发了《深化新时代职业教育"双师型"教师队伍建设改革实施方案》的通知，该通知指出，到 2022 年，职业院校"双师型"教师占专业课教师的比例超过一半，建设 100 家校企合作的"双师型"教师培养培训基地和 100 个国家级企业实践基地，选派一大批专业带头人和骨干教师出国研修访学，建成 360 个国家级职业教育教师教学创新团队，教师按照国家职业标准和教学标准开展教学、培训和评价的能力全面提升，教师分工协作进行模块化教学的模式全面实施，有力保障 1＋X 证书制度试点工作，辐射带动各地各校"双师型"教师队伍建设，为全面提高复合型技术技能人才培养质量提供强有力的师资支撑。

2021 年，教育部财政部发布了《关于实施职业院校教师素质提高计划（2021—2025 年）的通知》其中指出进一步加强职业院校高素质"双师型"教师队伍建设，促进职业教育高质量发展，并对如何提升"双师型"教师的素质提出了具体建设方案。

2022 年，教育部办公厅发布了《关于进一步加强全国职业院校教师教学创新团队建设的通知》指出，各地各校一要明确创新团队建设目标任务，着力打造一批德技双馨、创新协作、结构合理的创新团队，形成"双师"团队建设范式，为全面提高复合型技术技能人才培养质量提供强有力的师资支撑。

除以上教育政策之外，2020 年中共中央、国务院还印发了《深化新时代教育评价改革总体方案》，该方案中包括对教师评价进行改革，不断推进教师践行教书育人的使命。"双师型"教师队伍建设的同时，也应当与教师评价改革相结合，不断提升"双师型"教师队伍建设的水准，推动我国高职教育的健康发展。

综上所述，尽管我国高校"双师型"教师队伍的建设近年来取得了较为丰硕的成果，然而，现阶段我国高职院校还未建立起统一的"双师型"教师认定标准。

第二节 "双师型"教师队伍建设与评价改革的理论基础

高校"双师型"教师队伍教设与评价改革能够进一步提升高校整体师资素养，在论述"双师型"教师队伍建设与评价改革的具体内容之前，在此先对"双师型"教师队伍建设与评价改革的理论基础进行介绍。

一、教育内外部关系规律

规律，通常又称为法则，是指客观事物在发展过程中的本质的、必然的、不以人的意志为转移的关系，规律具有普遍性、客观性的特点。任何领域中事物的发展只有适应相应的发展规律，才能呈现出科学、良好的发展状态。教育的发展也应当符合一定的规律。

（一）教育的规律分类

教育的规律包括内部规律和外部规律两种类型。

1. 教育的内部关系规律

教育的内部关系规律是指教育和人的发展关系规律。教育的内部关系规律指影响人才培养的教育系统内部各因素间的必然联系与作用的总和。教育的内部关系规律涉及教育者、教育对象等多个主体，主要包括三个方面的内容。

1）教育与教育对象的身心发展及个性特征间的关系。教育过程既受教育对象身心发展与个性特征的制约。同时，教育者在教育过程中又应当引导教育对象的身心朝着预期目标健康发展。

2）人的全面发展教育各个组成部分间的关系。人的全面过程要求教育者在对教育对象的教育过程中应当正确处理德、智、体、美、劳各方面的关系，促进教育对象的全面发展。

3）教育中教育者、教育对象，以及影响教育活动的诸要素之间具有相互协调的关系。唯有各种教育要素之间相互协调，共同发挥作用，才能使得教育活动取得良好的教育效果。

2. 教育的外部关系规律

教育的外部关系规律是指教育与社会发展关系的规律。教育是现代社会的重要发展部分，是现代社会系统的一个子系统，教育的正常执行和发展必须与社会其他子系统之间的发展相适应。这里的适应包含两层意思。一方面，教育的发展受到现代社会其他子系统的制约；另一方面，教育的发展能够推动现代社会其他子系统的发展。

3. 教育的内外部关系规律之间的关系

教育的内外部关系规律之间存在着一定的相互关系，突出表现为既相互区别，又相互联系；既相互作用又相互制约的特点。从教育的内部关系规律和外部关系规律来看，两者各自的性质、作用范围、作用方式，以及运行机制之间均存在较大区别。

1）教育的内外部关系规律之间存在的鲜明的区别，其中教育的外部规律揭示了教育的社会性规律，属于社会学范畴；教育的内部规律则揭示了教育本身的本体性规律，从属于实践论或认识论范畴。

2）教育的内外部关系规律之间还存在一定的联系。主要表现在两个方面：一方面，教育的内部关系规律受制于其外部关系规律。在教育过程中，如果仅仅关注教育内部的关系规律，忽略了教育外部的关系规律，则易导致教育的社会效益和经济效益无法达成；另一方面，教育的外部关系规律必须借助教育的内部关系规律才能得以实现。教育需要遵循其内在发展规律，如果忽视了教育的内在发展规律，仅着眼于教育的外部关系规律，则教育成果往往呈现出片面化或工具化的特点。

（二）教育内外部关系规律对"双师型"教师队伍建设与评价改革的影响

教师作为教育的重要主体和主要因素之一，教师与学生之间的教学互动关系是教育内部规律的重要组成部分。"双师型"教师队伍建设与评价改革将教师作为再教育对象，而"双师型"教师素质和能力的提升，属于教育内部建设，应当遵循教育的内部规律。

教育作为社会人才培养机构，教育的内部各要素深受社会政策、经济和科技发展的较大影响。"双师型"教师队伍建设与评价改革受社会政策、社会经济发展等因素的影响，从这一视角来看，"双师型"教师队伍建设与评价改革还应当遵循教育的外部发展规律。只有充分尊重教育内外部关系规律，才能不断探索"双师型"教师队伍建设与评价的实施路径，也才能不断解决"双师型"教师队伍建设与评价改革中遇到的种种问题。

二、教师生涯管理理论

教师生涯发展是从高校教师整个教育生涯角度对教师的职业素质、能力、成就和职称进行研究的理论。教师生涯发展概念的出后，中外学者对其概念进行了研究，并提出了多种不同理论（见表1-5）。

表 1-5　外国学者有关教师生涯发展的理论一览表

提出者	理论	主要内容
弗朗西斯·福勒	教师生涯关注阶段论	将教师生涯发展划分为四个阶段 1. 教学前关注阶段 2. 早期生存关注阶段 3. 教学情境关注阶段 4. 关注学生阶段
费斯勒	教师生涯发展理论	将教师发展划分为八个阶段 1. 职前教育 2. 引导阶段 3. 能力建设阶段 4. 热心和成长阶段 5. 生涯挫折阶段 6. 稳定和停滞阶段 7. 生涯低落阶段 8. 生涯退出阶段

续表

提出者	理论	主要内容
卡茨	教师发展时期理论	将教师发展划分为四个阶段 1. 求生存时期 2. 巩固时期 3. 更新时期 4. 成熟时期
伯顿	教师发展阶段理论	将教师专业发展划分为三个阶段 1. 生存阶段 2. 调整阶段 3. 成熟阶段
休伯曼	教师职业周期主题模式	将教师职业周期划分为七个阶段 1. 入职期 2. 稳定期 3. 实验和歧变期 4. 重新估价期 5. 平静和疏远期 6. 保守和抱怨期 7. 退休期
斯德菲	教师生涯发展理论	将教师生涯划分为五个阶段 1. 预备生涯阶段 2. 专家生涯阶段 3. 退宿生涯阶段 4. 更新生涯阶段 5. 退出生涯阶段

从表 1-5 中外学者关于教师职业生涯发展各阶段的划分来看,其对教师职业生涯和教师专业成长的研究,主要从时间角度和职业心理变化角度着手,对教师的职业变化进行分析与研究。

20 世纪 90 年代,教师职业生涯发展理论传入中国,引发了中国学者的广泛关注。中国学者们结合我国的实际情况对教师职业生涯发展进行了研究,并提出了教师职业生涯发展的三阶段论、四阶段论、七阶段论和五阶段论等理论和实践成果。

其中教师生涯发展的五阶段论指出,教师生涯发展可划分为五个阶段,分别为适应期、新入职教师时期、稳定期、试验期、平静和保守期、滋长自满情绪时期、退出教职期,整个教师生涯大约持续 30~40 年。

以上教师生涯发展阶段理论大多以教师的自然年龄或教龄进行划分,以时间为线索,对教师一生的专业发展中各个阶段的特征进行总结,为教师的培养和培训进行研究。这些教师生涯发展理论和实践为人们深刻认识教师职业的特点和发展规律提供了良好的分析工具，在此基础上还为教师专业发展和教师培养奠定了理论和实践基础。然而，教师生涯发展受多种因素的影响，是一种十分复杂的行为，现有的教师生涯发展理论大多单纯从时间角度对教师生涯发展进行分析，这一思路存在简单化的特点。尽管如此，教师生涯发展阶段理论仍然在各级各类教师队伍建设中发挥着较强的理论指导作用。

高校"双师型"教师队伍建设和评价改革的顺利推进，应当遵循教师生涯发展阶段理论，结合不同阶段教师生涯发展的特点，推动"双师型"教师阶段的建设和评价改革的快速发展。

三、教师发展及教师专业发展理论

20 世纪 60 年代，美国学者傅乐在其编制的《教师关注问卷》中揭开了教师发展理论研究的序幕。教师发展理论的研究逐渐成为世界各国教育界关注的焦点。

教师发展的概念提出后，中西方学者对这一概念进行了详细研究，并从不同角度对教师发展概念的内涵进行阐释。

1975 年，西方学者伯奎斯特和菲利普斯认为教师发展的首要目的是提升教师个人的教学质量，同时也应是综合的，包括教师作为教学者的个人发展、教学发展以及组织发展。其中教学发展则包括师资培训、课程开发及教学评价。

1976 年，西方学者克劳则指出教师发展的内涵即是全体教师的综合性发展。

1984 年，西方学者博伊斯则认为教师发展的内涵即是改进并且着重提高教师的教学质量。

1986 年，西方学者布兰德则指出教师发展内涵主要指促进教师的科研活动。

1992 年，学者赫特库克则指出，教师发展的概念是随着时代的变化而不断变化的扩充，而教师教学技能是教师教学发展的重要组成部分。

1994 年，学者迪勒任祖指出教师发展的内涵是指教师提高任何学术能力的过程。

1996 年，赫克尔和斯特林出版了《可持续性教育》一书，并且在此书中提出了教育的可持续发展内涵，并且得到了世界各个国家的认可。教育的可持续性发展推动了教师发展，成为教师发展的重要理论基础。

1998 年，西方学者克劳德在总结了其他学者观点的基础上，指出教师发展的主要内涵是关注教师学术、课堂教学和个人职业生涯的发展；目的是保持和促进高校教师个人专业能力的发展，使他们在特定的院校中完成各种任务的项目、活动、实践和策略。

从这些观点中可以看出，西方学者对教师发展的内涵的界定主要指教师的学术发展和能力，而考虑教师的个人职业发展方面的问题。

进入 21 世纪后，伴随着教师发展理论研究的深入，中西方学者对教师发展的内涵的界定呈现出百花齐放，百家争鸣的现象。教师发展的内涵具有发展性、时代性的特点，在不同国家和不同时期，随着社会需要的变化而不断变化。

从总体上来看，教师发展的内涵呈现出逐步扩大的倾向，并且在终身教育理论的指导下不断发展。现阶段的教师发展内涵主要包括教师持续发展和教师专业发展两个重要方面。教师发展理论强调教师职前职后培养的一体化，关注教师的终身化发展过程；强调教师的整体发展和阶段性发展的统一性；教师发展理论关注教师入职阶段的发展，认为教师入职阶段的发展是教师未来专业发展的基础。

教师专业发展，是指教师在整个专业生涯中，通过终身专业训练，习得教育专业知识技能，实施专业自主，表现专业道德，并逐步提高自身从教素质，成为一个良好的教育工作者的专业成长过程。

教师专业发展主要包括四个方面，即基于校本研究的专业发展、基于教学实践的专业发展、基于教学反思的专业发展及基于信息化环境的专业发展。校本研究是指将学校教育实践活动与教育科研活动紧密结合在一起，从而不断促进教师专业发展，提高教师素质。教学实践的专业发展是教师专业发展的重要组成部分，在教师专业发展中起着不可替代的作用。教师实践性知识的发展能够通过多方面的交流、传承及多方位的思考和多层次的合作研究实现。教师反思是教师实现专业发展和突破的内在动力之一，有助于教师提升教学经验，将教学经验总结、转化为教师能力。教育的信息化环境发展是指在信息化快速发展的前提下，借助信息化的教育方式，不断促进教师教育理念的现代化，推动教师角色的转变，从而实现教师发展。

高校"双师型"教师队伍建设和评价改革在推动高职教育发展的同时，能够提升"双师型"教师队伍的总体素养。以教师专业发展和教师发展作为理论基础，能够推动"双师型"教师队伍建设和评价改革的科学性。

四、发展性教师评价理论

教师评价是教育评价的重要组成部分。教育评价是评价者对教育活动或行为主客体价值关系、价值实现过程、结果及其意义的一种认识活动过程。教师评价的核心内容是揭示教育活动或行为中的客体对主体的需要、目标的价值意义。无论是教育评价，还是教师评价的理论均十分丰富。这里仅对发展性教育评价理论进行详细阐释。

发展性教师评价最早起源于 20 世纪 80 年代的英国。1985 年，英国皇家督学团发表了《学校质量：评价与评估》报告，其中明确提出了教师评价制度应与奖惩制度分离，这一规定对实施发展性教师评价制度起到了关键作用。1989 年，英国教育与科学部及萨克福研究小组等组成的数十位教育专家向英国政府提交了专门报告，其中对发展性教师评价制度进行了详细阐释，认为发展性评价制度能够深化课程改革，并且有利于形成教师创新意识。

发展性教师评价制度的提出针对传统的奖惩性教师评价而提出，奖惩性教师评价属于自上而下的教师评价制度，易打击教师的积极性。然而，发展性教师评价制度则是面向未来的教师评价制度，能够根据教师发展目标和发展价值观达到促进教师专业发展和终身成长为目的教师评价制度。

20 世纪 90 年代，发展性教师评价制度引入我国后，受到我国学者的关注。发展性教师评价与传统教师评价相比，评价主体多元化，评价对象作为评价主体，全程参与评价过程。评价标准则呈现出个性化的特点，评价方案具有严格的民主性特点，评价情境则强调真实性，评价过程具有明显的周期性，评价反馈具有较强的激励性特点。发展性教师评价以促进教师专业发展为目的，强调教师在评价中的主体地位和民主参与，十分重视教师的个体差异，通过统筹兼顾的方式实行全员评价和全面评价，创建良好的氛围，以促进评价双方的双向沟通。

发展性教师评价促进了教师发展需要与学校发展需要的统一和融合，通过借助招聘、选拔、岗位安排、上岗转正、转岗、监控、纪律处分、辞退等手段将教师个人发展需求与纳入学校发展轨道，从而达到促进教师和学校的共同发展的目的。

从"双师型"教师发展的视角来看，"双师型"教师队伍的建设离不开"双师型"教师标准的完善和教师评价体系的健全。针对"双师型"教师的评价，应当从教师发展的视角，以发展性教育评价理论作为基础，推进高校"双师型"教师队伍的建设与评价改革。

五、终身教育理论

终身教育又称"永久教育""生涯教育"等，这一理念并非始于21世纪，而是自古以来就存在的思想。现代教育中所指的终身教育概念，是由法国成人教育专家保罗·朗格朗所提出的。

1965年，保罗·朗格朗在巴黎国际成人教育大会上首次提出这一思想，这一思想一经提出就在全世界范围内获得了极大的认同感。其中一些国家的政党，例如日本，还将终身教育的实施作为竞选口号争取民众。然而尽管终身教育的观念得到了世界各国人士的认同，然而关于其概念，在学术界却始终没有统一的说法。"终身教育"一词的提出者保罗·朗格朗认为，所谓终身教育即是指完全意义上的教育，它包括教育的所有方面及各项内容，从人出生开始，一直到生命终结不间断的发展，此外还包括教育各个发展阶段各个关头之间的有机联系。

终身教育趋势思想的产生，与20世纪末期21世纪初期的社会背景有关。20世纪末期，人们的物质世界、精神世界及道德世界发生了巨大的改变，尤其是随着第三次科技革命的崛起，社会更新变化速度加快。知识迭代速度也相应加快，这些均对教育提出了新的挑战和要求，使得教育工作者不得不面对各种各样的问题和需求，从而推动教学观念和教学方法的发展和变化。此外，教育终身化也与世界人口急剧增长有关，随着人口数量的增加对教育提出了新的要求和巨大挑战，为了解决不断增长的人口压力与教育之间的矛盾，推动了终身教育理念的流行。除此之外，科学技术进步及信息的飞速发展、国家政治结构的频繁变化、以及人们闲暇时间的增多，生活模式与思想意识形态的变化、以及对身体的认识、人的全面而自由的发展，以及社会的可持续发展等，均成为终身教育理念发展的原因。

关于终身教育的原则，保罗·朗格朗将其原则归纳为四方面内容：即防止知识腐化，确保教育的连续性；保障教育计划与教育方法与社会目标相适应；在不同的教育阶段，必须以进化、变化和变革的生活为主，培养活生生的人；利用一切训练方法，解决强加于教育的传统定义与制度的束缚；加强教育与技术、教育与工业、教育与商业的紧密联系。

终身教育的本质特征可总结为三个特征。从纵向结构上来看，教育并非只限于儿童和青少年阶段，而是贯穿于人的一生。终身教育理念突破了传统学校教育的框架，将教育视为人一生中不断学习的过程，从而推动整个教育过程的统一。从横向结构上来看，终身教育不仅限于正规的学校教育，还包括家庭教育、学校教育及社会教育等各种正规或非正规的教育，强调教育的综合性和统一性。从更深层次的角度来看，终身教育的特征之一，即是把人的教育与社会生产和生活紧密联系起来。

"双师型"教师队伍的建设与评价改革，是基于终身教育理论的基础上，对高职教师队伍进行的建设，在提升高职教育人才质量的同时，还能够不断提升高职教师的个体职业生涯发展，保持高职教师知识和能力的适用性。

六、人力资源管理理论

所谓人力资源管理，是指在经济学与人本思想指导下，通过招聘、甄选、培训、报酬等管理形式对组织内外相关人力资源进行有效运用，满足组织当前及未来发展的需要，保证组织目标实现与成员发展的最大化的一系列活动的总称。人力资源理论包含一系列经典理论。

（一）人本主义理论

人本主义理论是随着有人本主义有思潮而兴起的一种教学理论。人本主义思潮源于卢梭的自然主义与杜威的进步主义教育主张，人本主义心理学认为，每个人都有本能地积极发展自己潜能的内在动力，因此，人的行为是有目的、有意识的，个人的价值与目的是决定人的行为的重要力量。人本主义十分关注经验对人的影响，十分重视人的尊严与自由。人本主义理论的代表学者为罗杰斯与马斯洛。

罗杰斯的人本主义教育思想对教育理论所产生的影响最为深远。罗杰斯认为，教育必须帮助学习者发展积极的自我意识，促进其学习与个人潜力的充分发挥。罗杰斯指出，在当前不断变化的社会中，个体只有通过不断学习，不断接受新经验，才能不断促进自身变化与个体发展，从而实现自我。此外，罗杰斯强调情感和认知在个体发展中的作用，指出教育的目的是培养情智合一的人。由此可见，罗杰斯的人本主义教育观不仅关注教学活动中的知识传授和个体智力培养，同时也关注学习者情感与精神、价值观念的发展。

罗杰斯的人本主义教育观是一种"非指导性教学"，是罗杰斯在总结临床心理学实验的基础上提出的一种教学原则，这一教学原则具体包括启发诱导，教师在讲授知识时，应避免灌输式的知识传授，而倡导的学习者的自发学习；因材施教，即根据学习者特点进行有重点地教学；积极疏导，即在潜移默化中及时疏导学习者的情绪和情感；情境感知，即为学习者的营造良好的学习氛围；强化学习者的自我评价和自我管理意识。

罗杰斯的人本主义学习观，提倡学习者进行"有意义学习"和"自由学习"。其中"有意义学习"能够促进个体经验的积累和知识的增长，"有意义学习"可以使学习者个体的行为、态度、个性和未来选择行动方针上发生重大变化。"有意义学习"具有全神神贯注、自动自发、全面发展和自我评估四个显著特征。"自由学习"是指教师在教学中应引导学习者进行自由自在的学习，具体来说，教师可通过为学习者构建真实情境、提供学习资源、使用学习者合约、利用社区资源、同伴间的教学、自我分组学习、探索性训练、合理的程序教学、构建友谊小组、自我评价等进行自由学习。

罗杰斯的人本主义教育观中还对师生观进行了分析，认为教育学习者是教育的主体，教学活动应以学习者为中心，教师的职责是为学习者创设适合学习的学习氛围，以便引导学习者进行自主学习、自我实现。

教师是学习者学习过程中的"催化剂"和"助推器"在学习者学习中扮演着引导和辅助学习者学习的角色。在罗杰斯看来，教师不再是高高在上的权威者，在教学中不再使用具有权威性的语言，告诉学习者应该做什么和不应该做什么，而是开始尊重学习者的个体差异，培养学习者的"自我意识"和"自我概念"。罗杰斯认为新的师生关系的构建需要具备真实、尊重、移情性理解三个要素。

罗杰斯的人本主义课程观以是以真实问题为主，教师在教学中应为学习者的创设真实的情境，让学习者面临对其有意义或有关的问题，并对这些问题进行思考、发现、分析，并解决问题。同样的，课程内容应选择"真实性任务"避免脱离真实问题的空洞教育。

除此之外，罗杰斯还强调在"自主学习观"的指导下，构建以学习者"自我评价"为主，他人评价为辅的评价体系，以便引导学习者从自我评价中主动确立学习目标，进行自我诊断、自我调节，以控制自己的行为偏差，最终达到自我完善。

由此可见，人本主义是"以学习者为中心"的教育理论，强调学习者参与教育的决策过程，人本主义以学习者的发展为根本，突出学习者的主体地位。人本主义学习强调在教学中调动学习者的积极性和主动性，促进学习者不断探索，主动发展。

（二）人力资源开发理论

人力资源开发即是综合利用培训与开发、职业生涯开发、组织开发等手段来改进个人的、群体的和组织的效率的活动。人力资源开发理论自20世纪90年代以来被大规模引进高校管理，许多高校纷纷将之前的"人事部"更名为"人力资源部"，并且使用人力资源理论来指导高校教师发展，使人力资源开发理论成为高校教师发展的重要基础理论。人力资源开发理论与教师发展理论的目标和内容的一致性。

从目标上来看，人力资源开发理论和教师发展理论的目标存在一致性，两者均以为个体和组织发展为目标，人力资源开发侧重于通过有计划的学习、培训和分析推动员工个人技能的提高。而高校教师发展则侧重于对教师教学和科研能力的开发。除了推动个体自身的发展之外，人力资源开发还需满足和改进组织效率，解决组织中存在的种种问题，以达成组织目标，并且根据组织内外环境的变化，有计划地改善和更新企业组织。而高校教师发展活动除了提升教师个体的能力外，整个高校组织的发展也离不开教师的参与。从内容上来看，人力资源开发的内容包括员工个体的职业规划和职业管理；而教师发展则主要包括教师个人发展、教学发展和专业发展，以达到推动教师个人学术生涯发展的目的。

进入 21 世纪以来，随着知识经济时代的来临，人力资本受到世界各国各个行业的重视，由于人力资源开发理论与教师发展理论之间存在种种一致性。从人力资源开发的视角来看，员工个体技术、知识和能力的发展等是企业的核心竞争力，能够为企业创造出持续的竞争优势。对高校来说，教师个人核心技能和专长的发展，以及教师个体对高校的认同感能够提升高校的核心能力和竞争优势。因此，从人力资源开发理论视角来开展教师发展活动，不仅有利于提升高校教师个体能力的发展还有利于提升高校教师队伍建设。从这一视角来看，人力资源开发理论也是教师发展的基础理论之一。

（三）人的全面发展理论

人的全面发展理论是指马克思的人的全面发展理论，其中包括人的需要的全面发展、人的能力的全面发展、人的社会关系的全面发展、人的自由个性的全面发展及人的自身文化素质的全面发展。

人的能力的全面发展是指社会是一个载体，人的能力是在社会实践中逐渐得到提高的。人从事一切社会活动的基础即是具有一定的能力，人的能力中的体力和脑力所有能力中必不可少的两个要素，人只有同时具备体力和脑力才能为人的全面发展提供保障。人不仅具有体力和脑力，还具有自然能力以及社会能力。人的自然能力即是与动物一样具有的、与生俱来的生命力，与动物相比，人的自然能力更具有能力性。人的社会能力是指人在社会实践过程中形成的生产能力、政治能力、知识能力及人的意志、品德、情感等方面的能力。

人的社会关系的全面发展是基于人的本质属性，人的本质属性是社会关系的总和，处于社会关系中的人，其发展程度受到社会关系发展程度的影响。人是社会发展的产物，具有社会性的特点，个人无法离开社会群体而独自发展。个体在社会中参与社会活动的积极性，以及活动范围的扩大，与生产力的发展与社会进步有着十分密切的关系。社会生产力越发达，个体参与社会活动的积极性越高，而个体在社会中的活动直接促使人的社会关系的全面丰富，社会关系的拓展使得人与人之间的交往越来越频繁和紧密，并且提升了各民族和各地域之间交往，从而促进了社会的包容性和开放性。人是社会的产物，具有社会性的特点，每个人的发展都离不开社会环境。而社会交往是人与人之间信息传递、感悟沟通等全方位发展的必要媒介，随着有个体在社会交往的范围不断扩大，交往的层次不断深入，个人的能力也会得到全面发展。

人的自由个性的全面发展是指每个人都是社会中的独立的个体，具备与众不同的个性。马克思认为充分发挥人的自身个性，实现人的个性的全面发展是共产主义社会的目标。人与动物的最显著的区别即在于人具有主观能动性，能够通过对自身以及社会环境的改造，使个体得到更好的发展。马克思认为人的劳动及通过劳动而生产的产品是人的个性和主体性的物化，人在劳动过程中对生命的肯定也是对个性的肯定。人的个性随着主体性的增强而增强，而随着个体主体性的增强，个人的主体性的充分发挥使得个人的差异性和独特性也更强，而个体的差异性和独特性正是个体区别于他人的最重要表现。马克思认为人的自由个性的全面发展主要表现个人所具备的潜在本能、创造本性等精神特质的充分发挥，个人身心的和谐发展及个人人格独立性的不断加强和尊严的不断彰显。

人的自身素质的全面发展，是人的全面发展理论的重要组成部分。素质是一种看不到摸不到的东西，是人的内在品质，同时也是人对自身和外界看法的集中体现。人的素质具体可分为自然素质和社会素质两个方面，其中社会素质又包括人的思想道德素质和科学文化素质。在人的发展中，思想道德素质和科学文化素质十分重要，它们决定着人的价值观和人生观。而人的自身文化素质的高低反映了人的发展程度与社会发展程度的高低，只有将人的自身文化素质和思想道德素质与人的需要、人的能力及人的社会关系和人的个性的全面发展联系起来，全面重视个人文化素质的培养，才能达到促进人的全面发展的最终目的。

从人的全面发展视角来看，教师个体能力的发展不仅包括教师教学能力的发展，还包括教师科研能力等多个方面的发展，只有不断学习和发展才能达到全面发展的最终目的。从这一视角来看，人的发展理论也是高校"双师型"教师人力资源管理的重要理论依据。

七、激励理论

激励理论在这里指包括需求理论与各种激励理论在内的理论，激励理论在促进人的发展，以及"双师型"教师队伍建设与评价方面起着重要作用。

（一）马斯洛需求层次理论

马斯洛认为，人类的需要按照从低到可划分为五种类型，即生理的需要、安全的需要、社交的需要、尊重的需要、自我实现的需要。马斯洛需要理论的五种类型，大体可以划分为三个层次，即人的基本需要，包括生理需要和安全需要；心理需要，包括社交需要、尊重需要和自我实现需要。

人的生理需要是人类的基本需要。人的生理需要主要包括吃饭、穿衣、医疗、住房、安全、生活稳定等基本需要。如果人的生理需要无法满足，那么人的其他需要均不能实现。

马斯洛需要层次理论中的心理需要包括社交需要和尊重需要，以及归属关系需要和爱的需要。人的心理需要是人较高层次的需要，是在满足人的基本需要基础之上的更高一级的需要。

马斯洛需要层次理论中的自我实现需要高于人的基本需要和生理需要，在人的基本需要和生理需要的基础之上，是个体最高等级的需要，也是个体追求自我理想和抱负，充分发挥个人能力的需要。

1954 年，马斯洛在其著作《动机与人格》一书中，将人的需要层次拓展至 7 个层次，自低向高依次为生理的需要、安全的需要、友好和归属的需要、尊重的需要、求知的需要、求美的需要、自我实现的需要。然而从各国流传的马斯洛理论来看，马斯洛的 5 层次需要理论的接受度更高。

无论是 5 层次需要理论还是 7 层次需要理论，马斯洛均强调了自我实现需要的重要性，明确了自我实现者的 15 种积极人格及自我实现的 8 种途径（见表 1-6）。

表 1-6 马斯洛自我实现的积极人格与实现途径一览表

序号	马斯洛自我实现的积极人格特征
1	正视现实，有良好的现实知觉
2	认可与接纳自我、他人和自然
3	言行坦率、自信，表现真实、自然的我
4	不以自我为中心，热爱事业，以工作为中心
5	有独立、独处和自主性需要
6	有自主、自制能力，与环境关系和谐，不受环境和文化的被动支配
7	欣赏日常生活，对审美及平常经验有奇特的、永不衰退的欣赏力和新意
8	具有难以言表的高峰（或顶端）体验
9	同情、关心他人
10	注重友谊和爱心，人际关系深刻（或深切、深重）
11	对人民主平等、谦虚待人，尊重他人
12	明确并信守伦理道德标准
13	待人处事诙谐、幽默、风趣
14	富有创造性（追求革新、独创、发明）
15	不受现存文化规范束缚，不随波逐流
	自我实现的途径
1	自我实现是充分地、生动地、无私念地体验生活，忘怀一切，达到入迷的状态。太计较自我得失，就不可能达到自我实现水平
2	生活是一系列选择（如前进与倒退，安全与畏缩等），自我实现是连续进行的成长选择过程

续表

	自我实现的途径
3	自我实现是——个内部控制过程,有一个来自自己内部的呼唤,而儿童多是听父母及教师的呼唤
4	真诚坦率,不要违心。当有怀疑时,诚实地说出来,敢于承担责任,就是迈向自我实现的一步
5	每次选择时做到以上四步,可以说就是自我实现。要听从自己内心的想法,不要刻意迎合外界
6	自我实现是通过学习使人变得更加聪明,发挥个人潜能的过程。因此,个人要勤奋,要有成为"第一流"的准备,才会有自我实现的可能
7	要为自我实现创造良好的环境与条件,才能出现高峰体验
8	善于了解人,分析人,善于自我分析,与人相处

马斯洛的需要层次理论肯定了个体心理上潜藏着多种需要,在个体发展的不同阶段内,所有需要中的最为迫切和强烈的需要是激励个体行动的主要原因与动力。而当该需要得到满足后,即会成为非优势需要,失去对个体行为的激励作用。马斯洛的需要理论是一种动态的理论,个体的需要处于连续发展的状态,当低层次的需要满足后,人们会追求更高层次的需要。

马斯洛的需要层次理论具有一定的先进性和局限性特点。

马斯洛的需要理论从个体在生产、生活中的具体需要出发对人的行为进行研究,在一定程度上抓住了问题的本质和关键。而马斯洛需要理论中对人的需要由低到高的 5 个层次的排序反映了人类需要发展的一般规律,且突出了人的特定心理需要在特定时期内对人的心理发展和行为的激励作用,特别突出强调了自我实现对人的影响。

除了一定的先进性之外,马斯洛的需要理论也存在一定的局限性。即马斯洛强调人的需要是个体与生俱来的一种本能反应,倡导遗传决定论,这在一定程度上否认了后天教育和社会在人的成长中的决定作用。

此外,马斯洛的需要层次理论带有一定的机械主义色彩,且忽略了人的心理的复杂性,在一定程度上简化了人的心理。

尽管马斯洛的需要层次存在一定的局限性,然而由于其从人的需要出发,对人的心理进行分析,对人的行为具有较强的激励作用,因此在世界各国学者均拥有较多拥趸。

（二）麦克利兰的成就激励理论

成就激励理论是 20 世纪 50 年代由哈佛大学心理学教授戴维·麦克利兰及合作者提出的，关注个体在工作情境中的成就需要、权力需要和归属需要三个方面。

1. 成就激励理论的内涵

1）成就需要

成就需要是指个体在工作过程中追求卓越、达到标准及争取成功的内驱力。

从成就需要的角度出发，社会工作情景中的个体可以划分为成就需要高的个体和成就需要低的个体两种类型。其中成就需要高的个体通常具有较强的责任感、喜欢得到工作的及时反馈，倾向于具有适度风险的工作。

2）权力需要

权力需要是指个体心理控制别人以某种方式行为而不以其他方式行为的需要。一般而言，社会工作场景中杰出的管理者往往具有较高的权力欲望，个体在组织中的地位越高，其权力需要越强，权力需要越旺盛。

3）亲和需要

亲和需要是指个体与他人建立友好的和亲密的人际关系的愿望。亲和需要较强的个体在社会工作情景中较重视人与人之间的关系，尤其是个体在组织中被接受和被喜欢的程度，追求与他人合作。一般而言，亲和需要较强的人在工作情景中易受他人影响，在与他人合作过程中情绪易波动。

麦克利兰的成就激励理论中的成就需要是该理论的核心内容。麦克利兰认为，具有较强的成就需要的人渴望将事情做得更为完美。根据麦克利兰的成就需要理论，社会工作情景中成就需要越强的人在工作过程中除了达成工作目标及工作带来的物质奖励之外，更加强调个体在实现工作目标的过程中克服困难、解决难题、努力奋斗的乐趣及获得成功之后的精神成就感。

2. 高成就者的特点

个体在社会工作情景中的成就需要的形成与个体所处的政治、经济、文化、社会发展程度之间存在较为鲜明的关系。麦克利兰指出高成就需要者一般具有三个特点。

1）高成就需要者关注工作的反馈信息，从中了解自己是否有所进步。

2）高成就需要者关注工作目标的挑战程度，喜欢从事具有挑战性的工作。

3）高成就需要者一般具有强烈的事业心、进取心，敢于冒险。

麦克利兰的成就需要理论在一定程度上解释了个体的工作动机及工作动机引发的行为，强调借助成就动机对组织内部的员工进行激励。因此，在组织内部的人员选拔和安置上，可以通过测量和评价个体动机体系的特征，了解个体的成就需要高低，以此更好地安排个体岗位。

麦克利兰倡导个体成就需要能够通过后天的训练提高，因此，社会工作实践中组织可以通过具体训练提高员工的成就动机以及工作效率。

（三）赫茨伯格的激励保健理论

激励保健理又称双因素理论，由美国心理学家赫茨伯格提出，该理论指出，激发人们参与社会分工的主要动机为两个，即激励因素和保健因素。其中激励因素是指，与工作本身、工作带来的成就感等有关的能够激发人们积极性的因素，该因素为内在因素。保健因素是指与工作环境相关的政策因素、人际关系因素、工作条件因素等。

除了以上需要理论与激励理论之外，通常情况下，对人的激励需要注重内在因素和外在因素，只有充分从人的需要出发，合理利用激励措施才能更好地推动"双师型"教师队伍建设和评价改革。

八、跨文化相关理论

近年来，伴随着世界经济一体化、全球区域经济的不断发展，对我国高职教育提出了新的要求，促进了我国高职教育不断朝着国际化的方向发展。而高职教育的国际化又对教师的跨文化能力提出了新的要求。

（一）霍夫施泰德的文化维度体系

霍夫斯泰德于 20 世纪六七十年代对 IBM 公司来自 40 多个国家，使用 20

多种语言的十余万员工进行调查后指出,国家之间的差异可以归因于民族文化的差异,并从五个维度对国家之间的差异进行了解读。

第一个维度,权力距离。所谓权力距离是指一个社会对权力分配不平等的接受和认可程度。不同国家对于权力的认可程度不同。例如欧美等西方国家的人们并不看重权力,更看重个人能力,亚洲国家由于历史及体制等原因更注重权力。

第二个维度,不确定性的规避。一个社会受到不确定的事件和非常规的环境威胁时是否通过正式的渠道来避免和控制不确定性。强不确定性规避国家在受到不确定的事件和非常规的环境威胁时,鼓励其成员战胜和开辟未来的社会文化;反之,若不确定规避国家则教育国家成员接受风险,学会忍耐,接受不同行为的社会文化。一般来说,强不确定性规避国家强调用法律、法律进行管理,人民更加积极活泼,严肃,严谨,守时,不易产生革新想法,但易推广和落实创意;而若不确性规避国家的人民相对懒散,对时间的概念并不严格,除非必要,否则不强调立法,能够容忍各种革新的想法,然而却不善于将各种革新的创意付诸实践。

第三个维度,个人主义/集体主义维度。这一维度是用来衡量某一社会总体是关注个人的利益还是关注集体的利益。一般来说,个人主义倾向的社会文化,人与人之间的关系相对松散,人们多关心自己个人的小家庭;而集体主义倾向的社会文化,人们普遍更注重族群关系,关注人们共同的大家庭,人与人之间的关系更加紧密,强调个人对于族群的忠诚性。

第四个维度,男性化/女性化维度。这一维度通过观察社会中代表男性的品质如竞争性、独断性更多,还是代表女性的品质如谦虚、关爱他人更多,以及对男性和女性职能的界定。男性化气质突出的国家中,社会竞争意识更加强烈,注重财富和物质,鼓励工作,强调公平和绩效。而女性化气质突出的国家,强调生活质量,讲究平等和团结,对心灵的沟通更强于对物质的占有。

第五个维度,儒家动力维度。地位和级别关系及遵守这个级别的价值观是典型的儒家思想。儒家动力维度强调忍耐、节俭、羞耻感,以及个人的稳定,注重面子,尊重传统。

（二）约翰·贝利文化适应理论

跨文化心理学家约翰·贝利在人类学家的研究基础上进一步指出，文化适应是指两个或两个以上具有不同文化的群体及其成员在相互直接的、持续的接触中所产生的文化和心理双方面的变化过程，发生改变的可能是某一群体及其成员，也可能是接触双方。而文化适应也包括群体层面和个体层面两个不同层面。所谓群体层面的文化适应是指包括社会结构、经济基础、政治组织及文化习俗等方面的改变；而所谓个体层面的文化适应是指包括认同、价值观、态度和行为能力的改变在内的心理变化以及对于新文化环境的适应。

1975 年，阿德勒根据 U 形曲线将文化适应扩展为五个阶段，即接触阶段、崩溃阶段、重新整合阶段、自治阶段和独立阶段。之后，莱文与阿德尔曼提出了文化适应的五段论，包括蜜月阶段、文化休克阶段、初步适应阶段、孤独阶段和结合阶段。按照这一五段论，蜜月阶段，则指跨文化传播者初次到达一个陌生的环境中，对于异国文化环境中的一切都感到新奇，第一阶段大概持续 1~2 个月，主要集中于与新的领导和同事、或老师和同学等见面、落实住宿事宜，到商店购买日常生活用品，同时办理入住手续。在这一过程中，所接触的一切都跨文化传播者心情有愉悦，并自觉忽略与本国文化产生冲突的地方。第二阶段，文化休克期。这一时期，跨文化传播者的生活、工作和学习逐渐趋于稳定，并开始独立生活，此次，一开始没有预见到的一系列问题接踵而来，包括语言、居住、人际关系、购物等种种问题的出现，使跨文化传播者经受着严重的心理危机。这一阶段一般会持续 1~2 个月的时间。第三阶段，初步适应阶段，即跨文化传播者经过一段时间的适应，逐渐适应了异国文化，逐渐适应异国语言交流，并形成了大致固定的生活节奏，这一阶段一般持续 3 个月左右。第四阶段，孤独阶段，步入这一阶段时，跨文化传播者在国外已生活了大半年时间，随着时间的推移，跨文化传播者开始思念家乡，对于在异国文化中的适应情况产生灰心、沮丧心理，容易失去信心。第五阶段，结合阶段，这一时期，跨文化传播者的生活和工作通常都已走上正轨，同时适应了异国语言、饮食、社会规范、价值观、风俗习惯等，呈现出融入异国文化的状态。

（三）霍华德·贾尔斯的传播适应理论

1971 年霍华德·贾尔斯在《社会互动中言语模式研究口音识别及口音改变》而中着重阐述了不同传播环境中人们彼此之间交流和改变的互动现象，并在此基础上提出了传播适应理论。20 世纪 80 年代霍华德·贾尔斯从传播学的角度进一步拓展了其言语适应理论并重新定义了传播适应理论。

传播适应理论认为，在自己与他人进行沟通的过程中，说话者有动机和目的，出于不同的动机，说话者使用的策略主要表现为言语同化或言语易化，这些手段可以用来缩小或拉大传播的距离。传播适应理论包括三个方面的内容。

言语同化现象。在传播过程中个体处于不同的环境中，会刻意改变他们的语言模式，以适应环境和交流对象从而显示出个体对交流对象的认同，表现出趋同的倾向。

言语异化现象。传播中的异化现象主要发生在两个语言和文化背景不同的群体之间，具体的表现则是在信息传播和交流中其中的一方强调自己与交流对象不相配的特性，以表现出对交流对象的意见的反对。

言语保持现象。传播中的保持现象是指在不同文化或背景的个体中进行交流时所表现出来的，既不赞成也不反对，而保持自己原有的立场的现象。

（四）跨文化适应理论

适应是一个生物学名词皮亚杰指出：智慧的本质从生物学来说就是一种"适应"，它既是一个过程，也可以是一种状态。此外，适应还是一种心理现象和社会学概念。从总体上来看，适应具有三个方面的特点。"适应"是主体对环境变化所做出的一种反应。"适应"是伴随着环境的变化而产生的，在静止的环境中不存在是否"适应"的问题。无论是自然环境还是社会环境均处于不断地变化之中，因此，每个生物时刻都面临着"适应"的问题，从而产生不断"适应"新环境的需要。作为人类的个体更是如此，从这一意义上来看，"适应"是个体的一种基本需求，也是个体应当具备的一种基本素质，是主体对环境变化所做出的一种本能的反应。

　　"适应"是一种重新建立平衡的动态过程。"适应"是从一个平衡到另一个平衡的过程，是为了达到或恢复主客体之间的平衡而建立的，从这个角度来看，平衡是"适应"的基本目标。由于周围的环境是不断变化的，因此，个体所面临的环境时刻处于变化之中，个体在"适应"环境的同时也在不断地建立新的平衡，而每一种新的平衡都是短暂的、相对的，而不平衡则是长期的、绝对的。而个体也在不断建立新的平衡中逐渐发展。因此，环境的不平衡和矛盾冲突正是个体不断发展的动力，从这一视角来看，"适应"是一个动态的、不断重建新平衡的过程。

　　"适应"是一个积极能动的过程。"适应"是伴随着环境的变化而不断建立新平衡的过程，其前提是环境的变化。然而，"适应"不是受环境的影响而变化的被动的过程，而是一个充满积极能动的过程。在自然界中，随着周围环境的变化，生物有机体为了与环境变化相协调并使其种类世代生存下去而存在两种变化：一种为顺应，另一种为"适应"。所谓顺应，是指生物为了"适应"环境，单纯地改变自身形态，而使自身更"适应"环境变化的过程，这一过程是遗传行为方式发生变化，是一种被动的过程。然而"适应"，不仅是指生物有机体为了适合环境的变化而产生的顺应，还包括生物有机体对环境进行积极改造，而使自身与环境保持更大的协调性。因此，从这一意义来看，"适应"是一种积极能动的过程。

　　了解了适应的特点后，即可对文化适应进行更加深刻的理解。文化适应一词最初是由人类学家赫斯科维兹于1948年提出的，之后，跨文化心理学家将这概念引入对文化适应的研究上。广义的文化适应，又称为文化涵化、文化融合、文化移入，是指不同文化群体间的相互接触所导致群体及其成员心理上和文化上产生变化的现象和过程。20世纪初，美国人类生态学家罗伯特·帕克通过对移民融入主流文化的文化适应过程的观察提出了文化适应的三阶段理论，即接触、融合、同化。跨文化心理学家约翰·贝利在人类学家的研究基础上进一步指出，文化适应是指两个或两个以上具有不同文化的群体及其成员在相互直接的、持续的接触中所产生的文化和心理双方面的变化过程，发生改变的可能是某一群体及其成员，也可能是接触双方。而文化适应也包括群体层面和个体层面两个不同层面。所谓群体层面的文化适应是指包括社会结构、经济基础、政治组织及文化习俗等方面的改变；而所谓个体层面的文化适应是指包括认同、价值观、态度和行为能力的改变在内的心理变化及对于新文化环境的适应。针对跨文化适应问题，学者们提出了一系列的假说和理论，这些理论层面的研究为跨文化适应积累了大量理论成果。

疑虑消除理论是由西方学者伯杰和卡拉布雷斯提出的理论，其认为个体为了适应异文化中全新的环境或不同的人际关系，会通过各种渠道和方式寻求信息、消除疑虑，减少不确定性和压力，此过程不断重复进行，最终帮助个体实现跨文化适应。伯杰指出在跨文化适应中存在着三种消除疑虑的策略，即被动，主动和互动，而被动策略倾向于置身事外，做异国文化的观察者，同时通过书籍、电影、网络、广播等无互动的方式查询信息，学习异国语言和文化；主动策略则是通过与异国文化中的其他人或团体中间接获知有关异国文化的信息；而互动策略则是指与异国文化中人进行面对面交流以达到较好的文化适应的目的。

适应过程是一个动态的、长期的过程，我国学者杨芸金从这一过程出发，指出个体的跨文化适应过程也是一个动态的、长期积累的过程，其整个过程呈现为"压力—调整—前进"的循环过程。当个体在跨文化适应过程中感觉到压力时，个体就会对自己的行和心态进行调整，使自己进入放松状态。之后，个体重新调整认知模式后，尝试新一轮的前进。经过不断地"压力—调整—前进"过程，个体最终会达成文化适应的目标。个体在跨文化过程中的适应包括语言适应、价值观适应、以及跨文化适应态度等方面。

高校"双师型"教师应具备较强的国际化能力，因此，"双师型"教师队伍建设和评价改革应当以跨文化理论作为基础，不断引导和激励"双师型"教师提升国际化能力。

九、协同理论

高校"双师型"教师能力的培养，不仅需要"双师型"教师所在的高职院校为其创造良好的条件，同时还需要政府有关部门、社会企事业单位，甚至跨文化组织机构的共同协作。从这一视角来看，高校"双师型"教师队伍建设和能力评价需要以协同理论作为基础。

（一）赫尔曼·哈肯的协同创新理论

协同理论最早由德国物理学家赫尔曼·哈肯提出，于 20 世纪 70 年代作为系统科学的分支，逐渐发展成一门新兴学科。协同学科的形成和发展建立在多学科研究基础之上。1971 年，赫尔曼·哈肯率先提出了协同的概念。1976 年，赫尔曼·哈肯发表著作《协同学导论》，对协同理论进行了系统阐释。

赫尔曼·哈肯认为，协同系统是在远离平衡状态的开放系统后，与外部环境之间发生能量交换或物质交换时，通过内部协同的相互作用，自发性地呈现在空间、时间和功能方面的有序结构。

协同理论的研究领域可以拓展至不同学科或领域，从而将看似完全不相关的领域紧密联系在一起，形成跨学科理论系统。协同理论的内容主要可以归纳为以下三个方面。

1. 协同效应

协同效应，简而言之即为 $1+1>2$ 的效应。协同效应是由于协同作用而产生的结果。任何系统内部均存在一定的协同作用，协同作用是系统有序结构形成的内驱力。协同作用一般产生于外来能量且作用于系统，并且在达到某种临界值状态时，系统内部的各个要素和子系统之间即会产生协同作用。系统内部的协同作用能够使处于无序状态的子系列及各个要素之间重新组合，从而从混沌中产生某种稳定结构，从而产生集体效应和协同效应。

协同效应广泛存在于自然现象和社会现象之中。以自然现象为例，两根树藤交织在一起往往能够产生一根树藤的数倍拉伸力，呈现出较强的协同效应。

2. 伺服原理

伺服原理，简而言之即快变量服从慢变量，序参量支配子系统的行为。在一个复杂的系统中，当系统接近临界状态时，系统内部的突现结构往往由少数序参量所决定，而系统内部的其他大多数变量则受到序参量的支配和影响。

3. 自组织原理

自组织原理是相对其他组织系统而言的。复杂系统内部从无序到有序的变化过程，即属于系统的自组织过程。系统必须经由协同才能达到自组织，同时系统自组织还必须具备开放性、活力性和非线性的特征，才能达到系统内部各个子系统及各个要素之间的高度协同。

（二）伊格尔·安索夫的战略协同理论

伊格尔·安索夫被誉为战略管理的鼻祖、战略管理之父，其将军事战略，尤其是军事谋略应用于企业战略运营之中，并在其中应用了协同理念。

1965年，伊格尔·安索夫出版了《公司战略》一书，并在其中提及"协同"一词，将其作为公司战略的四要素之一，同时明确了协同的经济学含义。值得注意的是，伊格尔·安索夫虽然在企业管理中提出了"协同"一词，然而并未提出协同理论。直到20世纪70年代，物理学家赫尔曼·哈肯才提出协同理论。

伊格尔·安索夫的战略协同理论强调军事上的谋略在企业战略经营中的作用，然而伊格尔·安索夫并非完全在企业战略经营中照搬和套用军事上的谋略。伊格尔·安索夫指出，企业经营战略即是指企业为了适应外部环境对目前从事的和将来要从事的经营活动而进行的战略决策。企业战略与军事战略之间存在本质区别。军事战略的目标是战略或消灭对手，围绕这一目标进行军事情报搜集、制定行动计划、确定行动方案布局，并在战场上进行排兵布阵，最终夺取战争的胜利。而企业战略的目标则是整合资源和创造价值，通过对资源的合理布局和分配，实现企业的战略目标。

伊格尔·安索夫的企业战略理论认为，企业战略的核心是明确自身所处的位置并界定自身的目标，明确为实现这些目标而必须采取的行动。伊格尔·安索夫认为企业经营战略由四个要素构成，即产品市场范围、成长方向、竞争优势和协同作用。企业决策则包括企业战略决策、企业行政决策和企业日常运作三个方面。其中企业战略决策包括产品与市场内容；企业行政决策包括结构和资源调配内容；企业日常运作包括预算、监督和控制。

伊格尔·安索夫认为，企业营过程中只有企业战略决策、企业行政决策和企业日常运作三方面协调一致并相互适应时，才能效提高企业的效益。企业协同是指通过识别自身能力与机遇的匹配关系，成功拓展新的事业。企业的协同战略能够像纽带一样将公司多元化的业务连结起来，从而实现企业业务的增长，为企业开拓新的发展空间。

企业的多元化战略协同效应主要表现在通过人力、设备、资金、知识、技能、关系、品牌等资源共享的方式达到降低企业成本、分散企业的市场风险及实现企业规模效益的作用。在此基础上，伊格尔·安索夫提出了安索夫模型。该模型的核心即是通过企业和市场的分析确定有效的企业战略。

安索夫指出，随着现代社会的发展，人类的主要问题呈现出全球化、复杂化和非线性化的特点，而现代社会事物之间的非线性相互作用具有较强的协同效应，协同效应既不能够归因于单一缘由，也不能具有长期预见性。因此，针对现代社会的这一变化，企业发展过程中需要新的策略以应对非线性的复杂系统，战略作为能够协调各部门、企业内部各群体之间的决策，在现代企业管理中起着极其重要的作用。在企业的战略框架下，企业组织内部的行动将形成统一的目标和策略为中心的整体，从而引导企业内部员工团结一致。

综上所述，高校"双师型"教师队伍的建设与评价改革是一项极其复杂的系统工程，应当以多个理论作为支撑，充分考虑各方的利益关系，集中多方力量共同协作才能取得成功。

第二章
高校"双师型"教师队伍建设与
评价改革的新趋势

第一节 高校"双师型"教师队伍
建设与评价改革的背景

近年来，伴随着我国社会经济的快速发展，以及现代职业教育体系的建成，我国高校"双师型"教师队伍建设与评价改革的背景发生了重大变化。本节主要对高校"双师型"教师队伍建设与评价改革的背景进行详细分析。

一、世界经济全球化、区域经济一体化的加快推进

（一）世界经济全球化

经济全球化一词出现于 20 世纪 80 年代，20 世纪 90 年代这一概念得到了国际社会的广泛认可。所谓经济全球化是指，商品、劳务、技术、资金等生产要素在全球范围内流动和配置，从而使各国经济相互依赖程度日益加深的趋势。

第二次世界大战以来，科技进步极大地促进了全球生产力的发展，为全球经济化奠定了坚实的基础。尤其是 20 世纪 70 年代以来，信息技术革命不仅加快了信息传递速度，也极大地降低了信息传递成本，有效打破了不同国家和地域之间的空间地理界线，将全世界以信息技术连接起来，迅速推进了

经济全球化的发展。经济全球化为跨国公司提供了扩张的机会，跨国公司在全球范围内建立了适宜企业发展的组织形式，极大地推动了生产要素在全球范围内的合理流动，推动了全球化发展的进程。除此之外，20世纪90年代，中国等一批传统的计划经济国家向市场化经济改革迈进。发达国家也在这一时期，加强了市场机制的自发调节作用。20世纪90年代中期，随着世界经济贸易组织的形成，国际间的交流与合作更加开放，为经济全球化的发展提供了适宜的体制环境和政策条件。

自20世纪90年代以来，经济全球化以科技革命和信息技术为先导，实现了生产全球化、贸易全球化及资本全球化。涵盖了包括生产、贸易、金融及投资等各个领域。具体表现在国际分工从垂直分工向水平分工发展，世界各国之间的贸易量急剧增加，多边贸易开始形成并迅速发展，国际资本流动达到空前发展规模，跨国公司在国际贸易和世界经济中所起的影响越来越显著，与此同时，国际组织、区域组织对于经济的干预越来越强。这些都推进了经济全球化的飞速发展。

进入21世纪以来，经济全球化的发展进程更快。近年来尽管受到种种因素的影响，经济全球化的发展开始趋于缓慢，然而，经济全球化依然呈现出不可阻挡的趋势。

（二）区域经济一体化

区域经济一体化亦称"区域经济集团化"。同一地区的两个以上国家逐步让渡部分甚至全部经济主权，采取共同的经济政策并形成排他性的经济集团的过程。其组织形式按一体化程度由低到高排列，包括优惠贸易安排、自由贸易区、关税同盟、共同市场、经济联盟和完全的经济一体化。

自20世纪90年代以来，区域经济一体化组织如雨后春笋般地在全球涌现，形成了一股强劲的新浪潮，出现了大量跨洲、跨洋合作的区域组织。进入21世纪后，世界各国、各地区掀起了新一轮发展，呈现出合作之深入，内容之广泛，机制之灵活，形式之多样的特点。

（三）经济全球化和区域经济一体对国家文化软实力的发展提出新的要求

世界经济全球化和区域经济一体化的发展，极大地推动了世界范围各地区经济和科技的交流与合作。同时，世界经济全球化和区域经济一体化的发展也推动了世界文化全球化的发展。伴随着世界文化全球化的发展，对世界各国各地区的文化软实力提出了新的要求。

所谓文化软实力是指一个国家或地区基于文化而具有的凝聚力、生命力、创新力和传播力，以及由此而产生的感召力和影响力。一个国家或民族的文化软实力大体包含为五个维度，即文化凝聚力、文化生产力、文化传播力、文化保障力、文化吸引力（见表 2-1）。

表 2-1　文化软实力内涵一览表

维度	维度	作用/价值
第一个维度	文化凝聚力	文化软实力的核心维度，能够有效激发国家或民族内部不同社会圈层、不同生活状态群体的力量，从而实现国家或民族的共同愿景
第二个维度	文化生产力	创造文化的内在驱动力，能够直接地反映出一个国家或民族文化软实力的潜在发展力。如果一个国家或民族的文化生产力不高，那么，该国家或民族的文化软实力综合、可持续发展力相对不高
第三个维度	文化传播力	一个国家或民族在输出文化方面的影响力。文化传播力是检验一个国家或民族文化软实力传播效果的重要维度，也是提升文化软实力的重要要素。如果一个国家或民族的文化传播力水平较高，则能够极大提升该国家或民族的文化软实力。相反，如果一个国家或民族的文化传播力水平较低，那么，即使该国家或民族的文化凝聚力较强，也无法在短时间内提高该国文化在世界范围的影响力
第四个维度	文化保障力	一个国家或民族所制定的文化政策、文化资金投入、文化人才培养，等等，从而确保该国国家文化的安全，使该国文化免受外来国家或民族文化的威胁
第五个维度	文化吸引力	能够衡量一个国家或民族的文化对其他国家或民族人民的吸引力的重要指标。如果一个国家或民族的文化吸引力较高，则其受外国受众的认同度则会相应提升，有利于该国或该民族文化在其他国家的传播。相反，如果一个国家或民族的文化吸引力相对较低，则易引发其他国家受众的反感，不利于该国家或民族文化的对外传播

　　教育，尤其是高等教育作为社会人才培养机构，是国家文化软实力的关键组成部分，能够起到壮大国家文化软实力的目的。

　　21世纪以来，伴随着世界各国教育的不断发展，我国职业教育面临着新的发展环境，高职"双师型"教师队伍的建设和评价改革，以及职业人才的培养应当适应经济全球化和区域经济一体化的趋势。

二、国际化技术技能人才需求缺口较大

　　国际化人才是指具有国际化意识和胸怀以及国际一流的知识结构，视野和能力达到国际化水准，在全球化竞争中善于把握机遇和争取主动的高层次人才。国际化人才应当具备多种素质（见表2-2）。

表2-2　国际化人才应当具备的素质一览表

序号	素质
1	宽广的国际化视野和强烈的创新意识
2	熟悉掌握本专业的国际化知识
3	熟悉掌握国际惯例
4	较强的跨文化沟通能力
5	独立的国际活动能力
6	较强的运用和处理信息的能力
7	必须具备较高的政治思想素质和健康的心理素质，能经受多元文化的冲击，在做国际人的同时不至于丧失中华民族的人格和国格

　　21世纪以来，伴随着我国综合实力的逐渐增强，我国在国际社会的影响力越来越大。受经济全球化和区域经济一体化的影响，未来国家综合实力的进一步发展离不开具有国际视野和国际化技能的人才。

　　根据近年来我国商务部的统计数据显示，从2017年末到2019年末境外中企员工总数分别为339.3万人、359.5万人、374.4万人，中企海外员工数量呈逐年增长的趋势。

　　根据2021年《中国贸易报社》中贸国际智库平台与领英中国联合编写并发布了《中国企业海外人才发展白皮书》显示，伴随着中国制造业企业等在

全球范围的发展，对具有国际视野的海外研发人才，以及技术人才的需求变得越来越迫切。除此之外，伴随着经济全球化和区域经济一体化的发展，许多国内企业与国外企业开展多样化的深化合作，所需要的国际化技能人才的数量越来越多。

国际化技能人才的培养成为中高等职业教育人才培养的新方向。尤其是高职院校成为国际化技能人才培养的主要阵地。为此，高职院校应当充分发挥其专业特色和优势，构建适合国际化技能人才的教育体系，创新国际化技能人才培养的策略，不断提升国际化技能人才培养的综合水平。

"双师型"教师队伍的建设与评价改革与国际化技能人才的培养之间存在千丝万缕的关系。伴随着国际化技能人才需求缺口的增大，我国高院校纷纷将培养具有国际视野的高素质技能型人才作为教学培养目标。这一教学培养目标的实现，有赖于"双师型"教师队伍的建设，只有不断推进"双师型"教师队伍建设，健全"双师型"教师队伍评价改革，才能推动我国国际化技能人才的培养水平。

三、制造业转型升级

全球经济放缓，依靠高投入换取经济增长的旧模式日渐式微，我国经济进入增速换挡、结构调整的"新常态"时期，国内产业进入转型升级的新阶段。其中受新科技发展的影响，我国制造业也进入转型升级的新阶段。

我国国内产业，尤其是制造业的转型升级离不开相关技能人才的支持，反映在社会人才市场需求方向，则体现出社会高端制造业人才需求数量和规模的扩大。根据人社部统计的 2022 年一季度全国各行业招聘与求职量情况来看，各行各业都存在不同程度的职业缺口，其中生产制造与生活服务的基础技术岗位为 72 个，涉及高端技术的专业岗位为 24 个。

以医疗装备产业、机器人产业和智能制造产业为例。

2021 年，工业和信息化部联合有关部门同共出台了《"十四五"医疗装备产业发展规划》《"十四五"机器人产业发展规划》《"十四五"智能制造发展规划》等一系列规划，为我国未来五年的医疗产业、机器人产业和智能制造业指明了发展方向。其中《"十四五"医疗装备产业发展规划》指出未来 5 年要重点发力的 7 个产业领域：诊断检验装备、治疗装备、监护与生命支持装备、中医诊疗装备、妇幼健康装备、保健康复装备、有源植介入器械。

《"十四五"机器人产业发展规划》提出，未来 5 年要重点补齐专用材料、核心元器件、加工工艺等短板，提升机器人关键零部件的功能、性能和可靠性；开发机器人控制软件、核心算法等，提高机器人控制系统的功能和智能化水平。此外，到 2025 年我国将成为全球机器人技术创新策源地、高端制造集聚地和集成应用新高地，机器人产业营业收入年均增长超过 20%，制造业机器人密度实现翻番。

《"十四五"智能制造发展规划》提出，到 2025 年，规模以上制造业企业大部分实现数字化网络化，重点行业骨干企业初步应用智能化；到 2035 年，规模以上制造业企业全面普及数字化网络化，重点行业骨干企业基本实现智能化。

从《"十四五"医疗装备产业发展规划》《"十四五"机器人产业发展规划》《"十四五"智能制造发展规划》来看，未来 5～10 年内，我国将加大医疗装备产业、机器人产业和智能制造业的投入，而这些产业的发展，不仅需要以技术作为基础，还需要大量相关技术和技能人才的支持。相关技术和技能人才在具备专业理论知识和技能的同时，还应具备大量实践操作技能，唯其如此，才能培养出符合国家医疗装备产业、机器人产业和智能制造业发展规划的人才需要。而对高技术和技能人才的培养，离不开高职院校"双师型"教师队伍的建设。

综上所述，世界经济全球化、区域经济一体化、国际化技术技能人才缺口增加、制造业转型升级使得高校"双师型"教师队伍建设与评价改革面临着全新的国际国内背景，为高校"双师型"教师队伍建设与评价改革奠定了现实基础。

第二节　高校"双师型"教师队伍
建设与评价改革的新机遇

在全新的国际国内环境影响下，高校"双师型"教师队伍建设与评价改革面临着一系列新的发展机遇，主要表现在以下几个方面。

一、全球职业教育的规模不断扩大

近年来，伴随着科学技术的新发展，以新技术发展作为依托的职业教育人才培养呈现出新的发展趋势。根据艾瑞咨询 2022 年 7 月发布的《全球职业教育行业发展报告》显示，全球职业教育发展宏观背景向好的大环境下，预计 2026 年全球职业教育市场规模将超过 8 000 亿美元。

而职业教育市场的发展与地区经济的发展息息相关，从总体上来看，经济水平较为发达的地区，职业教育的参与率与高中入学率均相对较高。东亚地区，近年来的经济发展获得了显著提升，能够为职业教育的发展起到较大的推动作用。

除此之外，近年来，伴随着工业化、信息化浪潮的影响，全球的产业格局呈现出不断发展与变化的趋势，而与全球产业格局息息相关的产业人才，必须不断持续精进自身才能更加适应产业环境的变化，这些均为全球职业教育的发展奠定了良好的基础。

全球职业教育规模的不断扩大，促使世界范围内的各个国家更加重视职业教育的发展，以及高级职业技术人才的培养。以亚太地区为例，近年来，伴随着世界制造业向中国和东南亚等亚太地区转移，亚太地区的职业教育对工业人才的技能培训和信息化人才的补充，以及推动工业生产各环节效率的提升的效果更加明显。

全球职业教育规模的不断扩大，还促使职业教育在全球经济发展和产业结构转型中的作用越来越鲜明。尤其是伴随着全球老龄化社会的到来，以及全球化人口拐点的到来，未来的市场面临着较大的结构性用工人才短缺现象，而职业教育在提升劳动生产率与实现劳动力资源有效配置方面起着极其关键的作用，能够不断推动社会生产率的提升。

全球职业教育规模的不断扩大，对全球职业技术人才的水平提出了新的要求，更加强调职业技术人才理论知识与实践知识的结合。而全球职业教育规模的不断扩大，在一定程度上带动了不同国家职业教育的快速发展。现代职业教育的发展，一方面有赖于教育理念的创新和教育技术的改革，另一方面则与教师队伍的建设息息相关。"双师型"教师队伍建设与评价改革，能够提升我国职业教育人才的培养水平，进一步推动我国职业教育的发展。从这一视角来看，全球职业教育规模的不断扩大，也能够影响和促进我国职业教育领域"双师型"教师队伍的建设和评价改革。

二、中国职业教育市场政策环境不断优化

职业教育的发展离不开世界各国政府与国际机构自上而下的推行，近年来，我国政府对职业教育的发展更加重视。尤其是进入"十四五"时期后，我国教育部先后发布了多个文件，对职业教育的发展提出了新的要求。以教育部2022年发布的《关于2022年职业教育重点工作介绍》中，提出了2022年度职业教育发展的两大任务。

其一，提高质量。改革开放后，我国职业教育的发展按照发展时间线可归纳为20世纪80年代、20世纪90年代和21世纪三个阶段。第一阶段20世纪80年代属于中等职业教育的恢复与发展阶段、第二阶段20世纪90年代的职业教育发展则属于规模稳定与内涵初建队伍；第三阶段我国现代职业教育体系基本构建完成，进入全面深化阶段。为了推动职业教育的发展，提升职业教育的质量，我国有关部门提出了不断提升职业教育质量，把握好现代职业教育的质量关，推动现代职业教育高质量发展，切实提升职业教育质量的作务。

其二，提升形象。这里指的形象，主要指职业教育综合发展的外在形象。中国职业教育市场全面提升教育质量的同时，应当在不断提升职业教育质量的基础上，不断提升职业教育的形象，逐渐改变社会上关于职业教育的刻板印象，增强职业教育的社会吸引力，树立良好的职业教育口碑。

除了两大任务的基础之上，《十四五职业技能培训规划》中还提出了职业技能培训的四个主要目标和五个重点任务，强调要通过不断健全完善纵深职业技能培训体系、提升培训供给能力、提高职业技能培训质量、加强职业技能培训标准化建设和完善技能人才的职业发展道路等五个重点方面，加强对创新型、应用型、技能型人才的培养。

党的十九大以来，我国国务院等部门相继出台了多个文件推动我国职业教育的进一步发展。其中包括《国家职业教育改革实施方案》《职业教育提质

培优行动计划（2020—2023）》《关于推动现代职业教育高质量发展的意见》等，这些文件不仅明确了我国职业教育改革的目标，为职业教育未来的发展指明了方向，而且明确了职业教育改革的措施。

此外，2022年4月，我国教育部重新修订了《职业教育法》，以法律形式明确了职业教育与普通教育的平等地位，提出了建立职业教育国家学分银行的政策，通过学习成果融通和互认的方法，从法律层面畅通了职校学生的发展通道。

《职业教育法》的出台进一步推动了真正懂技术和懂市场需求的教师走进高职课程，为高职教育质量的提升奠定了重要基础。

教师队伍作为职业教育的重要组成要素，在推动职业教育的发展中起着极其重要的作用。"双师型"教师队伍的建设和评价改革直接关系着我国职业教育的发展。而中国职业教育市场政策环境的不断优化，能够直接促进我国各地方政府和高职院校对"双师型"教师队伍建设与评价改革的重视程度，从而能够为高职院校"双师型"教师队伍建设与评价改革创造良好的机遇。

三、数字化技术的快速发展

近年来，以人工智能、大数据、云计算、区块链、物联网、5G技术等为代表的新技术驱动人类社会快速进入以数字化应用为基础的智能时代。智能时代的数字化成为推动教育革新不可忽视的力量。

数字技术为基础的智能时代作为一种全新的经济形态，具有虚拟性、共享性、开放性、即时性、指数性、可复制性、无限性、爆炸性、多样性、分散性、精准性、公平性、可达性、互通性、渗透性、跨越性、均衡性等特征。数字智能时代的到来，推动着我国的教育朝着持续发展、更新迭代的方向发展。

（一）数字智能时代促进了社会市场人才需求能力结构的变化

数字智能时代，伴随着互联网信息技术、大数据技术、人工智能技术等技术的发展颠覆了人类传统的生产和生活方式，正在开创全新的经济格局。

一方面，数字技术成为社会经济发展的主要动力，推动着数字产业的快速发展。另一方面，数字技术带来的变革突破了互联网产业的界限，扩展至传统农业、工业和服务业领域，对传统经济的生产模式、供应链、价值链、营销链、服务链等均产生了较大冲击，新的市场和服务模式出现并不断发展，有力地推动着社会就业形态的创新和新职业的出现。

自 2015 年以来，我国陆续发布了多批新职业，这些新职业中既存在人工智能工程技术人员、物联网工程技术人员、大数据工程技术人员、云计算工程技术人员、数字化管理师等掌握着先进数字技术的人员，又存在大量诸如在线学习服务师、数字化解决方案设计师、商务数据分析师等利用数字技术为特定人群提供服务的人员。由此可见，社会人才需求越来越侧重人才的知识应用能力、知识创新能力，以及知识迁移能力，促进了我国社会人才市场对人才能力结构要求的变化。

（二）数字智能时代推动"双师型"教师的发展

早在 2018 年，我国国务院等有关部门发布的《关于全面深化新时代教师队伍建设改革的意见》《教师教育振兴行动计划（2018—2022 年）》中均强调了数字化技术对教师素质的影响。

2022 年 4 月，我国教育部等部门出台了《新时代基础教育强师计划》其中即指出，深入实施人工智能助推教师队伍建设试点工作，不断探索人工智能助推教师管理优化、教师教育改革、教育教学方法创新，以及教育精准帮扶的新路径和新模式。

由此可见，数字化技术的快速发展，促进了智能时代教师教育的革新，为高职"双师型"教师队伍的建设与评价改革创造了良好的机遇。

智能化时代，高职"双师型"教师队伍的建设与评价改革具有对标智能时代教育改革的重大战略需求的特点。伴随着教育有关部门及高职院校对教师信息化能力，以及智能技术的培养与建设，有利于提升高职教师的信息化水平和计算机能力，促进教师积极进行专业技术和知识学习的同时，推动教师积极通过多样化的校企合作，不断提升自身的理论素养和实践素养，为"双师型"教师队伍建设和评价改革创造了良好的机遇。

四、产教整合人才培养模式的多样化发展

职业教育是我国高等教育的重要组成部分，产教融合是职业教育区别于其他类型高等教育的最重要的特征。产教融合人才培养模式是将生产与教育有机结合起来，实现理论知识的传授与实践知识传授的有机协调与融合，提高人才的实践能力。

进入 21 世纪以来，我国逐渐进入社会经济体制改革的深化期、促进经济转型升级的关键攻坚期，伴随着数字技术的更迭换代，人工智能、大数据及物联网等新兴产业迅速发展，传统农业和工业制造业逐渐转型升级，在此历史时期，我国迫切需要产教融合的创新人才。

产教融合将教育系统和产业系统有机结合起来，形成一个新的开放系统。作为数字智能时代人才培养模式之一，产教融合不仅可以让企业加入到高等教育人才培养之中，而且还可以通过校办企业的方式为高校学生提供实践平台，为培养产学结合的应用性和实践性人才培养提供了良好途径。

产教融合的人才培养模式经历了多个发展阶段。最早源于联合办学，后经过产教结合、工学结合、校企结合等逐渐发展至产教融合，我国产教融合人才培养模式（见表 2-3）。

表 2-3　我国产教融合人才培养模式的发展轨迹一览表

	政策/文件	
第一阶段 联合办学阶段 （1978—1992）	《关于中等教育结构改革的报告》《关于改革城市中等教育结构、发展职业技术教育的意见》《关于教育体制改革的决定》等	强调学校与企业的联系与合作，出现了多所隶属于企业的职工大学
第二阶段 产教结合阶段 （1992—2001）	《面向 21 世纪教育振兴行动计划》等	强调职业院校要通过产教结合使学生更多地参与实践掌握技能
第三阶段 校企业合作阶段 （2002—2013）	《关于大力发展职业教育的决定》	倡导推行工学结合、校企合作的人才培养模式
第四阶段 产教融合阶段 （2013 年至今）	《现代职业教育体系建设规划（2014—2020 年）》《国务院办公厅关于深化产教融合的若干意见》《职业学校校企合作促进办法》《国家职业教育改革实施方案》	将"产教融合"作为职业教育发展的核心，推动产教融合人才培养模式落地

近年来,为落实国家产教融合这一战略性举措,国家各部委出台多项产教融合政策。

2017 年,国务院办公厅发布《关于深化产教融合的若干意见》指出,深化产教融合,促进教育链和专业链同产业链、创新链有机衔接。

2019 年,国家发改委发布《建设产教融合型企业实施方法(试行)》指出,省级政府要落实国家支持企业参与举办职业教育的各项优惠政策。

2019 年,国家发改委发布《国家产教融合建设试点实施方案》指出,建立产教融合型企业制度和组合式激励政策体系。

2020 年,教育部、发改委、工信部、财政部、人社部等九部门联合发布《职业教育提质培优行动计划(2020—2023 年)》指出,深化职业教育产教融合、校企合作,健全以企业为重要主导、职业学校为重要支撑、产业关键核心技术攻关为中心任务的产教融合创新机制。

经过多年的实践经验,产教融合人才培养模式已然成为我国高等教育院校的主要人才培养模式,并逐渐形成了五种具体模式。

1. 引企入校

引企入校的人才培养模式是指学校通过引入企业的人才、设备、注重和培训体系等资源,通过校企共建生产性实训基地的方式对企业的实际生产环境进行模拟教学,从而提升学生的职业能力,提升人才培养质量。

2. 厂中校

厂中校的人才培养模式是指高职院校为企业提供优质的人力资源,在满足企业用工需求的同时,给企业提供技术咨询,协助企业技术升级与发展。对于高职院校来说,学生在真实的生产环境中提升了技术应用能力,教师在企业实践中补足了实践短板。从而实现校企合作的双赢。

3. 集团办学

集团办学是指由多元主体共同组建,实现职业教育各类资源开放共享,形成专业链、产业链、岗位链、教学链的衔接,进而构建系统的技术应用人才体系,培养高职应用型人才。集团办学具体又可划分为三种类型,即区域型职教集团、行业型职教集团、跨区域跨行业职教集团。

4. 校办企业

校办企业顾名思义即是指高职院校通过兴办企业的方式培养人才的模式，校办企业既对外经营，同时又是学校学生的实践基地。

5. 企业办学

企业办学是指企业在国家教育部门的批准下作为投资人开办职业院校培养人才的一种方式。企业办学模式对企业规模、资质等方面有着严格要求。

我国产教整合人才培养模式的多样化发展，在提升学生技能的同时，还有利于通过校企合作、校企人才交换等方式，为高职院校"双师型"教师队伍的建设和评价改革提供良好的思路。

第三节　高校"双师型"教师队伍建设与评价改革的新挑战

全新的国际国内环境影响下，高校"双师型"教师队伍建设与评价改革不仅面临着全新的机遇，还面临着全新的挑战，主要表现在以下几个方面。

一、高校"双师型"教师队伍建设与评价改革的激励机制尚不健全

我国近年的高校"双师型"教师教学改革中初步建立了高校"双师型"教师激励制度，然而从整体上来看，现阶段我国高校激励机制存在一定的不足。由于高校"双师型"教师的性别、年龄、职务、价值观念和知识结构及学科专业的不同，高校"双师型"教师的需求存在一定的差异性。此外，高校"双师型"教师存在物质需求和精神需求等多方面需求，而当前我国高校的激励机制中，普遍存在教师对激励机制不满的状况，而这一状况主要由高校"双师型"教师的激励机制不健全所引发。

高校激励机制包括多个方面，主要为薪酬福利激励、工作环境激励、人文关怀或人性化服务激励、尊重和认可激励、个人发展机会激励、信息共享和学术交流激励等。

从当前我国高校的教师激励机制来看，在激励机制定位、评价和考核手段等方面均存在一定的挑战。主要表现在激励评价不以机场作为基础的缺点。

其中奖励机制定位是指近年来,随着我国大力高校朝着研究型大学的方向发展,对教师角色提出了新的要求,教师不再是单纯的知识传授者和教书匠,而朝着科研与教学相结合的研究者和开发者方向发展。教师从单纯的教学组织者角色朝着教学创造者的角色转变,对教师的主观能性和创造性提出了更高要求,使教师从单纯的教学任务执行者朝着教学研究者和创造者的方向发展。而且有的高校"双师型"教师激励不能够满足高校研究型大学的发展需求。

从高校"双师型"教师考核和评价手段来看,尽管较之传统的高校"双师型"教师考核现阶段教师考核和评价手段已趋于多元化发展,然而,无论哪一种评价和考核手段仍然基本停留在教师的思想政治表现、职业道德、业务水平和工作业绩等几项指标方面,以此作为高校"双师型"教师晋升、奖励或处分的重要依据,难以真实地反映出高校"双师型"教师的教学水平。除此之外,我国高校虽然已开始推行教师聘任制度,然而许多高校的教师聘任制度还未真正建立起来,高校"双师型"教师的评价和考核制度的科学化程度不足,难以真正起到激励教师发展的目的。从高校现有的激励制度来看,存在重物质激励而轻精神激励的现象。而教师群体作为社会高端知识知识分子的代表,存在着较强听精神激励期待,单纯的物质激励不但难以达到较好的激励教师的目的,反而易损伤部分教师的工作积极性,难以达到激励效果。此外,教师激励包含奖励和约束两个方面,而当前我国高校"双师型"教师激励中普遍存在过于注重奖励而轻约束的现状,不利于我国高校"双师型"教师激励的正向发展。

二、时代进步使高校"双师型"教师队伍建设与评价改革面临着新的挑战

21世纪是以知识为主要资源,以知识和技术创新的频率不断提升和加快,社会深刻变革为主要特征的时代。在知识时代,教师承担着培养全面发展的、具有较强的创新精神和实践能力的人才的重任,这对教师的知识结构提出了更新和更高的要求。

一方面,知识时代的发展要求教师具备更强的知识学习和更新换代的能

力，以学科前沿知识及时代替传统教学中的旧有的、被社会淘汰的知识。同时要求教师具备较强的知识范式学习精神。这里所指的知识范式是指对知识进行整理、研究和发展所遵循的一整套思路、方法和规范等。如果教师仅仅学习了前沿知识，而缺乏对新的知识范式的学习，那么即不能有效地将学科发展中的新兴教学理论和观点应用到教学实践中，从而影响学生对新兴、交叉、边缘和横断等学科知识的充分、合理运用。另一方面，我国高校"双师型"教师知识结构的更新和拓展缓慢还表现在高校"双师型"教师对教育的反思能力、网络资源教育能力、对学生的心理辅导能力等综合性知识的学习和更新方面。

进入 21 世纪世纪以来，我国高校教育发生了急剧变革，教师如果不对高校教育的行为和本质进行深层次的反思，明确高校人才培养与社会发展之间的关系，那么势必无法在短时间内调整高校的人才培养思想和人才培养模式，从而影响教师群体对新型高校教学方式的引进和教学手段的改革。

21 世纪以来，互联网信息技术被广泛应用于教育。由于互联网的无限性和快捷性，使得互联网成为知识时代的新型知识载体，而互联网时代的来临，使得社会知识创新和技术创新体系呈现出新的特点，当前我国大学生的上网比例迅速攀升，各种教学软件、线上教育资源和知识平台层出不穷，基于信息化和互联网的学习资源正在形成，而教师则应成为学生利用信息化和互联网资源进行学习的引导者和辅导者、促进者和合作者，并且在此基础上建立全新的知识创新和和技术创新体系。然而，当前我国高校"双师型"教师在利用互联网和信息化技术进行教学方面仍然存在明显不足，这使得"双师型"教师在一定层面上难以满足我国高校学生技术的发展需求，不利于高校"双师型"教师知识结构的更新和拓展。

三、高校"双师型"教师的自我认知和发展规划对高校"双师型"教师队伍建设与评价改革提出的挑战

高校"双师型"教师承担着教育人和培养人才的重要任务，这一任务是根据社会发展的要求而有目的、有计划、有组织地对高校学生施加影响，从而把"自然人"培养成为具有崇高品德和专门技术的"社会人"的过程，这

一教学过程决定了高校"双师型"教师的劳动过程不同于一般的劳动，而是一种需要在学生今后的职业生涯中得以验证的过程。

正如有的学者所说，教师的劳动成果很难用在校大学生的表现简单地测度和计量，而是在教师劳动过程结束之后，通过学生在工作中的表现和对社会的贡献逐渐体现出来。高校"双师型"教师的这一职业特点决定了高校"双师型"教师的劳动具有长期性和后效性的特点。而长期性和后效性的教师劳动特点，在一定程度上影响了高校"双师型"教师的成就感、自尊心和自信心，这使得我国高校"双师型"教师易对自身的职业价值产生怀疑，进而对所从事的职业失去激情和憧憬。尤其是当高校"双师型"教师本身有着较强的自我实现意识时，高校"双师型"教师在追求卓越和更高成就感而难以在短期内实现时易产生职业倦怠和较强的职业压力，从而导致部分高校"双师型"教师产生惰性心理。

除了高校"双师型"教师的劳动特点之外，高校"双师型"教师还面临着社会的更高期许。自古以来，我国即十分重视教育，并且强调教师的社会价值和奉献精神。例如古今诗文中将教师比作蜡烛、园丁、人梯等，并且将教师和比喻为"人类灵魂的工程师"等均强调了教师的社会价值，对教师的无私奉献的精神进行讴歌和赞颂。教师作为一种职业，与公众的联系极为紧密。社会对教师的期许较高，而教师群体受到的社会各方面的监督也更加严格。然而，社会在关注教师群体的整体社会价值和奉献精神的同时则较少关注教师个体所需。

改革开放以来，尤其是进入 21 世纪以来，随着我国经济发展速度越来越快，以及我国社会转型时代的来临，人们的价值观发生了较大转变。教师的主体意识越来越强，自我需求更加强烈。从需求角度来看，高校"双师型"教师作为一个独特群体，属于具有高层次文化素质的群体，其需求具有较强的轻物质需求重精神需求的总体特点。

物质需求是高校"双师型"教师的基础需求，高校"双师型"教师物质需求的满足是其开展教学、科研和社会服务工作的前提条件，如果缺乏足够的物质条件作为基础，那么高校"双师型"教师难以完成学校的教学任务，难以实现学校的教学目标。而随着经济的发展和社会整体生活水平的提高，教师对物质需求的要求也相应提高。

除了物质需求外，高校"双师型"教师作为社会精英知识分子群体，其能力、水平和素质相对社会其他群体更高，在工作中所接触的精神文化产品更多，因此，高校"双师型"教师的精神需求相对其他社会群体更加突出。主要表现在获取新知、自尊和尊重、发展和成就等方面。此外，不同年龄、性别、职务层次、职称等级、价值观念、知识结构和学科专业的教师群体的物质需求和精神需求存在较强的差异性。而当教师个体的主体意识和主体需求得不到高校管理者的关注和满足时，"双师型"教师个体的发展即会面临着一定的困境。

第三章
高校"双师型"教师队伍建设与
评价改革的意义

第一节 高校"双师型"教师队伍
建设与评价改革的价值

高校"双师型"教师队伍建设与评价改革在推动我国高职教育发展,提升高职院校人才培养质量及高校"双师型"教师个体发展方面具有极其重要的价值。

一、有利于推动我国高职教育的快速发展,树立高职教育品牌

高校"双师型"教师在我国高职教育中起着极其重要的作用,近年来,我国教育部发布的一系列有关高职教育发展与高校建设的政策中均将教师队伍建设和教师考核作为高等教育综合改革的重要内容。

2016 年,教育部发布的《关于深化高校教师考核评价制度改革的指导意见》中明确提出"将教师考核评价作为高等教育综合改革的重要内容"。2019 年,教育部、财政部印发了《关于实施中国特色高水平高职学校和专业建设计划的意见》中强调打造高水平双师队伍。这些均突出地反映了"双师型"教师队伍建设和评价改革在我国高职院校发展中起着至关重要的作用。

高校"双师型"教师队伍建设和评价改革能够推动高职院校相关政策的落实,推进我国高职教育高质量发展,树立我国高职教育品牌。

二、有利于提升高职院校人才培养质量，提升高校办学实力

高职院校承担着培养人才的职责，高校"双师型"教师作为知识的传播者，在高职院校人才培养中发挥着不可或缺的重要作用。高职院校所培养的人才属于高素质的技术技能人才，既需要掌握较为扎实的基础知识和专业理论知识，也需要具备丰富的实践知识。高校"双师型"教师掌握着充足的专业理论知识，同时又具备较强的实践技能，在培养高职人才时能够发挥更大的作用。

此外，高校"双师型"教师队伍建设和评价改革能够将"双师型"教师自身发展与人才培养相结合，在全面提升高校"双师型"教师队伍质量的同时，不断推动高职教育人才培养质量和办学水平。

高校"双师型"教师人才的培养需要政府有关部门、高职院校，以及社会企事业单位的共同协作，而"双师型"教师的评价改革能够将高职院校、教育行政部门、行业企业和学生等多方利益主体纳入评价体系，从而推动"双师型"教师的培养朝着更加符合行业企业及高职教育人才培养需要的方向发展，最终达到提升高职院校人才培养质量，提升高校办学实力的方向发展。

三、有利于促进高校"双师型"教师的个体发展，自我完善

高校"双师型"教师队伍建设和评价改革能够促进高校"双师型"教师的个体发展和完善。高校"双师型"教师队伍建设和评价改革与高校"双师型"教师个体的自我认识和发展意识息息相关。

高校"双师型"教师能力的提升不仅需要外界为其创造良好的环境，还需要高校"双师型"教师具有良好的发展和主动学习的精神。与高职院校的普通教师相比，高职院校的"双师型"教师需要在日常教学活动和科研活动之余，积极主动地利用各种机会不断寻求自我发展和能力提高的途径。主动参与到社会实践和社会服务工作中去。而高校"双师型"教师队伍建设和评价改革过程中，政府、高校和社会企事业单位能够为高校"双师型"教师搭建良好的舞台，便于高校"双师型"教师通过适合的平台丰富实践经验，学

习新知识，获得新的良好的发展机遇，不断促进高校"双师型"教师的个体发展。

除此之外，高校"双师型"教师的评价改革还存在较强的引导性和激励性，有利于高校"双师型"教师充分意识到自身的不足与差距，借助高校"双师型"教师队伍的建设体系，有意识地进行主动学习，不断进行自我完善和发展从而达到促进高校"双师型"教师个体发展的目的。

第二节 高校"双师型"教师队伍建设与评价改革的原则

高校"双师型"教师队伍建设与评价改革应当遵循一定的原则，本节主要对此进行详细分析。

一、高校"双师型"教师队伍建设的原则

高校"双师型"教师队伍建设应当坚持以下几个原则。

（一）以人为本原则

高校"双师型"教师作为个体，不同"双师型"教师的知识结构和能力素养也不尽相同，呈现出千差万别的特点。

有的"双师型"教师的专业理论素养较为丰富，然而实践动手能力偏差，在专业理论的指导下，如果高职院校为其提供相应的实践平台，则能够推动这一类型"双师型"教师的实践能力获得较大的提升。而有的"双师型"教师的实践经验极其丰富，专业理论素养却相对较为不足，对于这种类型的"双师型"教师，高职院校应当为其提供多样化的专业理论学习机会，使其有机会提升自身的专业理论水平。

除此之外，高职院校中还存在一些"双师型"教师具有较为全面的素养，不仅专业理论扎实，而且具有较强的动手能力的实践经验，其综合素养和能力较为突出。针对这种类型的"双师型"教师，高职院校应当为其提供良好的发展条件，通过专门的项目研究、成果转化，以及出国深造等方式，不断

提升这类"双师型"教师的综合素养，使其成为高职院校"双师型"教师中的骨干型教师，在高职院校"双师型"教师中树立典范，从而带动整个高职院校"双师型"教师队伍的建设。

由此可见，针对不同类型的"双师型"教师，高校应当坚持以人为本的原则，从"双师型"教师的长处与不足着手，为其打造能力提升的平台，从而推动高校"双师型"教师队伍的整体建设水平。

（二）教书育人原则

高技术技能人才的培养是高职院校的主要责任，也是高校"双师型"教师的重要职责，高校"双师型"教师队伍建设中应当坚持教书育人原则。高校"双师型"教师所培养的人才，应当在专业理论和专业实践方面协调发展，不仅要符合当前人才市场的要求，还要充分考虑人才的未来发展与行业发展趋势的适应性，培养具有综合能力和素养的技能性人才。对此，高校"双师型"教师队伍的培养中应当注重"双师型"教师道德素养及教学能力的培养，同时还应注重"双师型"教师社会实践能力的培养，只有全方位提升"双师型"教师的能力，才能真正提升"双师型"教师教学能力的发展。

（三）动态变化原则

高校"双师型"教师队伍建设与评价改革不是一朝一夕之功，而是一项长期的系统工程。在这一过程中，高校"双师型"教师队伍建设与评价改革应当跟随时代的发展和进步而不断变化，因此应当坚持动态变化原则。

我国职业教育自 20 世纪末期开始起步，在短短数十年中取得了丰硕的成果。职业教育具有较强的应用性，伴随着科学技术的发展，新工艺、新流程、新规范、新设备的不断出现，高校"双师型"教师的知识结构和能力要求也应当伴随着时代的发展而产生变化。因此，"双师型"教师队伍建设过程中应当坚持动态变化原则。注重与时代结合，对"双师型"教师的能力进行培养。

例如伴随着我国"双高"计划的实施，以及我国新《职业教育法》的出台，职业教育的发展进入全新的历史阶段，对高校"双师型"教师的要求也越来越高。因此,高校在培养"双师型"教师队伍的过程中,应当尽快建立起符合全国职业教育发展趋势、本校发展规划的"双师型"教师认定标准,针对"双师型"教师的各方面能力进行科学培养,切实提升高校"双师型"教师的人才队伍建设质量。

综上所述,高校"双师型"教师队伍建设过程中应当坚持以人为本原则、教书育人原则和动态变化原则,为高校"双师型"教师打造各种能力提升平台,充分激发"双师型"教师的积极性,达到不断提升高校"双师型"教师队伍建设的目的。

二、高校"双师型"教师评价改革的原则

高校"双师型"教师评价改革应当坚持以下原则。

(一)评价主体多元化原则

高校"双师型"教师评价的评价主体多元化原则是指高校"双师型"教师的评价主体应当包括政府、行业、企业和高职院校、学生等多个主体在内。不同评价主体可以从不同的视角对"双师型"教师的各方面能力进行评价,从而达到对"双师型"教师进行全面评价的目的,从而不断提升高校"双师型"教师评价结果的公信力,为高校"双师型"教师队伍的建设提供指导。

高校"双师型"教师评价主体的多元化原则,还可以确保政府、行业、企业、高职院校、学生等机构或群体参与到高职教育的发展中来,共同为高职院校"双师型"教师的培养构建良好的平台,从而促进高校"双师型"教师能力的发展。

例如行业和企业作为高校"双师型"教师的评价主体,能够引导行业和企业与高职院校的产学研深入合作,为高校"双师型"教师提供到行业、企业进行实践的机会,从而加强高校"双师型"教师的实践操作能力,引导高校"双师型"教师将教学、科研与国内外行业、企业的发展实际结合起来。

又如学生是高职院校人才培养的成果,也是高校"双师型"教师的直接

受教对象，学生作为高校"双师型"教师的评价主体，有利于对高校"双师型"教师的教学效果进行真实的反馈，从而激发"双师型"教师和学生教学相长，引导"双师型"教师不断通过教学反思来审视自身在教学中的行为，达到提升"双师型"教师教学能力的目的。

（二）评价内容多维度原则

高校"双师型"教师的培养应当具有多元化，以适应高职院校人才培养、科研及社会服务等职能的要求。高校"双师型"教师在高职院校职能的实现中充当着关键角色。从高校"双师型"教师的概念、内涵及其在高职院校中的作用来看，高校"双师型"教师的能力素养表现出多样性的特点，同时具备教学的基本素质、专业素质和较强的实践能力。因此，高校"双师型"教师的评价内容应当体现高校"双师型"教师能力的多样性，坚持多维度原则。

高校"双师型"教师评价内容的多维度原则是指，在设计高校"双师型"教师的评价指标时，应当从高校"双师型"教师的师德素养、教学水平、社会服务、科研成果及转化等多个方面入手，全方位、多维度、立体化地对高校"双师型"教师进行评价，推动高校"双师型"教师的高质量发展。

（三）能力和激励兼具原则

高校"双师型"教师的评价改革应当坚持能力和激励兼具的原则。高校"双师型"教师承担着为社会培养高水平技术技能人才的重任，同时，高校"双师型"教师还在我国职业教育发展中起着强大的智力支撑作用。因此，高校"双师型"教师本身应当具备多种能力。近年来，我国政府有关部门出台的相关文件中指出高校"双师型"教师队伍的培养应当呈现出重视能力发展的指导性政策。相应地，高校"双师型"教师的评价改革也应当坚持以能力为主的原则。

除此之外，高校"双师型"教师的评价改革还应当坚持激励性原则。高校"双师型"教师评价改革的目的是引导高校"双师型"教师正视自身的不足，积极主动地学习和参加实践活动，不断提升自身的能力素养。而高校"双师型"教师评价的激励性原则，能够有效引导"双师型"教师正视自身与他人的差距,激励"双师型"教师的学习热情,从而达到不断提升高校"双师型"教师队伍综合素养的目的。

(四)评价过程全程化原则

高校"双师型"教师的评价改革不仅应当注重"双师型"教师的能力,还应当重视"双师型"教师的师德素养。因此,高校"双师型"教师的评价应当贯穿于高校"双师型"教师教学、科研及从事社会服务的整个过程,在全过程中体现"双师型"教师的综合素养,引导"双师型"教师不断提升自身的道德修养、育人能力及提升自身的专业技能。

除此之外,近年来,伴随着我国社会经济的快速发展,产业结构的持续优化升级,以及职业教育的飞速发展,高校"双师型"教师的评价改革也应当适应时代发展的要求,呈现出过程的动态调整。在立足社会当前发展需要和高职人才培养需求的基础上,面向我国职业教育和高职"双师型"教师的未来发展趋势,将"双师型"教师队伍建设的短期目标与中长期目标结合起来。

综上所述,高校"双师型"教师的评价应当坚持评价主体多元化、评价内容多维度、能力和激励兼顾、评价过程全程化的原则,突出"双师型"教师评价的诊断性和引导性,将评价前的努力和评价后的结果结合起来,引导"双师型"教师朝着更好的方向发展。

第三节　高校"双师型"教师队伍建设与评价改革的实施策略

高校"双师型"教师队伍建设与评价改革的实施策略是提高我国高校"双师型"教师的整体素养,推动我国职业教育发展的重要手段,本节主要对此进行详细分析。

一、加强高校"双师型"教师队伍建设与评价改革的制度保障

高校"双师型"教师队伍建设与评价改革的实施离不开相关制度的保障,

我国政府有关部门近年来出台了一系列加强高校"双师型"教师队伍建设与评价改革的制度文件,这些制度文件的出台为我国高校"双师型"教师队伍建设和评价改革提供了制度保障。

例如"双高"计划的实施,有力地的推动了我国高职教育的整体发展,有效推动了"双师型"教师的队伍建设与评价改革。

除此之外,由于我国高校"双师型"教师认证标准还未出台,认证体系还未完全建立起来,对此,我国政府有关部门应当尽快出台"双师型"教师的认证标准,构建完善高校"双师型"教师认证和评价体系,为高校"双师型"教师队伍的建设与评价改革提供依据。

二、构建高校"双师型"教师队伍建设与评价改革体制机制

以我国政府出台的相关制度文件作为依据,构建高校"双师型"教师队伍建设与评价改革体系,打造我国高校"双师型"教师队伍建设与评价改革体系的体制机制,才能为高校"双师型"教师队伍建设与评价改革提供充实的保障。

(一)构建完善的"双师型"教师引进和培养机制

高职院校应当在国家相关政策的指导下建立完善的"双师型"教师引进和培养机制。

结合近年来我国有关部门发布的一系列职业教育发展和改革政策,本书认为,构建完善的"双师型"教师引进和培养机制应当从以下几个方面着手。

1. 加强对高职院校现有教师的培训

高校"双师型"教师是高职院校教师队伍中的佼佼者,高职院校可根据院校内部教师的特点,加强对教师的全方位培训,以帮助普通教师朝着"双师型"教师的方向发展。对于高职院校现有的"双师型"教师,高职院校应进一步加强对其能力的培养,不断提升"双师型"教师的综合能力,提升高校"双师型"教师的质量。

具体来说,高职院校可结合我国职业教育领域教师培养和培训的有关政

策，开展高职院校"双师型"教师素质提高计划，并联合区域甚至全国范围内的职业院校共同开展不同专业领域的"双师型"教师培训。

除此之外，有条件的优质高职院校还可对具有发展潜力的青年"双师型"教师，或骨干型"双师型"教师给予专门的物质资助，鼓励"双师型"教师进行学历深造，进行出国修学访问。

2. 构建"双师型"教师能力大赛比赛机制

高校"双师型"教师能力的培养，不仅可以通过直接培训获得提高，还可以在企业实践或比赛实践中提高。例如教育部与其他有关部门协作，吸引地方政府有关机构或高职院校，共同举办高校"双师型"教师教学能力大赛等。高校"双师型"教师在大赛过程中，能够清晰地了解自己与他人之间的差距，激发高校"双师型"教师学习的主动性和积极性。从而达到不断提升高校"双师型"教师队伍建设的目的。

3. 建立专门的"双师型"教师学习发展中心

教师学习发展中心作为教师培训的组织单位，在推动高校"双师型"教师培养和培训中起着极其重要的作用，能够有针对性地开展高校"双师型"教师某一方面能力的培养。

例如"双师型"教师不仅要立足国内职业教育领域，还要与世界各国的"双师型"教师开展合作或竞争，因此，"双师型"教师的国际化能力培养至关重要，对此，"双师型"教师学习发展中心可以结合本校"双师型"教师的实际情况，开展专门的"双师型"教师国际能力培养和培训，从而达到提升"双师型"教师能力的目的。

4. 加强"双师型"教师培训基础和企业实践基地的建设

一般而言，高校"双师型"教师经过多年深造均具有较为深厚的理论知识素养，而实践素养却相对薄弱。高职院校可在我国有关政策的引导下，持续深化校企合作，与当地具有实力的企事业单位共建"双师型"教师培养培训基地和教师企业实践基地，着重对高校"双师型"教师的专业实践能力进行培养和提升，不断提升高校"双师型"教师综合素养。

5. 构建完善的"双师型"教师评价改革体系

高校应当立足于我国职业教育发展，结合个体院校发展特点和发展趋势，构建立体化的高校"双师型"教师评价体系。通过科学合理的评价标准和客观公正的评价结果，达到"以评促改"的目的，引导"双师型"教师能够在专业发展中及时了解自身的优势与劣势，激发"双师型"教师的潜能，不断改进自身教育教学实践，最终实现"双师型"教师专业成长的可持续发展。

（二）强化校企共育，实现"内培"与"外引"相结合

近年来，伴随着我国产业结构调整的不断深化，职业教育在人才培养方面，越来越注重校企合作。《职业教育提质培优行动计划（2020—2023 年）》中指出，高职院校应当进一步深化产教融合校企合作，具体可通过建立产业人才数据平台，研制职业教育产教对接谱系图；遴选建设一批产教融合型城市，培育数以万计的产教融合型企业；实施国家级职成教示范县助力乡村振兴人才培养计划；依托国有企业、大型民企建立 1 000 个左右示范性教师企业实践流动站；打造 500 个左右实体化运行的示范性职教集团（联盟）；打造 100个左右技工教育集团（联盟）；推动建设 300 个左右具有辐射引领作用的高水平专业化产教融合实训基地；建设 100 所乡村振兴人才培养优质校；建立健全省级产教融合型企业认证制度，落实"金融＋财政＋土地＋信用"的组合式激励政策，不断促进高职教育的产教融合与校企合作。

高职院校与企业共建共育"双师型"教师实践基地，不仅能够为高校"双师型"教师的实践能力培养提供平台基础，还能够为高校"双师型"教师参与到企业生产提质科研活动中，以及"双师型"教师的科研成果转化提供良好的机遇。

第四章

高校"双师型"教师师德素养能力
培养与评价改革研究

第一节　高校"双师型"教师师德素养能力概述

2019 年，教育部、国家发展改革委员会、财政部、人力资源社会保障部印发的《教育部等四部门关于印发〈深化新时代职业教育"双师型"教师队伍建设改革实施方案〉的通知》中指出，要深化突出"双师型"导向的教师考核评价改革，构建职业院校、行业企业、培训评价组织多元参与的"双师型"教师评价考核体系。将师德师风、工匠精神、技术技能和教育教学实绩作为职称评聘的主要依据。本节主要对高校"双师型"教师的师德素养能力的相关问题进行概述。

一、教师师德的概念

《中华人民共和国教师法》中指出"教师是履行教育教学职责的专业人员，承担都已育人，培养社会主义事业建设者和接班人、提高民族素质的使命。"

教师作为一种古老的职业，具有源远流长的历史。自古以来，教师被人们赋予了极其崇高的内涵。现代社会的教师作为社会分工下的一种职业，具有一定的职业道德。此外，教师所从事的劳动还具有一定的特殊性，被人们赋予了较多的期待。这一点主要表现在两个方面。

一方面，教师职业具有一定的崇高性。教师作为教书育人的主体，不仅承担着知识视角的传道、授业、解惑的职责，还承担着育人的职责。从教育的目的来看，教师对于知识的传授与育人之间存在必然联系，其中知识的传授是一种手段，而育人则是目的。教师所承担的"教书育人"的职责决定了教师这一职业具有较强的崇高性。

另一方面，教师职业具有较强的复杂性。教学活动是一项涉及多主体的复杂活动。从教学主体来看，任何教学活动的主体均涉及学生和教师双方，在教学中作为教学主体之一的教师只有科学处理学生和教师之间的关系，促进教学主体之间的和谐互动，在尊重学生作为教学主体的基础上，充分挖掘学生的学习兴趣，调动学生学习的积极性才能确保教学效果的提升。而教师在教学活动中对学生主体积极性的调动增加了教师的教学难度，使整个教学过程具有较强的复杂性。除此之外，教师在教学中除了处理与学生的关系之外，还需处理好与学校其他工作人员的关系、与家长的关系等，扮演着多个社会角色，而不同社会角色均对教师职业抱有一定的期待，从而使得教师职业具有较强的复杂性。

中国是一个教育大国，自古以来即十分注重教育的重要作用，教师作为教育实施的主体更被寄以多种期望。我国历史上教师普遍被要求具有较强的热爱祖国，献身教育；热爱学校，关心集体；以身作则，为人师表；因材施教，循循善诱；热爱学生，甘为人梯；学而不厌，诲人不倦；严谨治学，忠于职守；乐于奉献，勤以敬业等品德。

教师的师德素养并非是一成不变的，而是伴随着时代的变化而不断发生变化的。现阶段，我国正处于社会主义建设的关键时期，在全面构建社会主义和谐社会的今天，高校教师的师德在继承古代教师师德的基础上，还应反应出时代的需要和时代精神。

2014年9月，习近平在同北京师范大学师生代表座谈时，提出了"做党和人民满意的好老师"的四条标准，即"要有理想信念、要有道德情操、要有扎实学识、要有仁爱之心"。这四条标准即可视为社会主义新时期师德规范的凝练。其中的仁爱之心，即与古代教师师德中的热爱学校、热爱学生、甘为人梯等精神相契合。

二、高校"双师型"教师师德素养的内涵

高校"双师型"教师师德素养是通过教学实践活动表现出来的，推动教师以积极主动的精神投入到教学中，并且将教师的师德与教师的知识、行为、人格融为一体，从而影响教师的信念和行为，同时对学生的行为做出示范和榜样。

高校"双师型"教师师德是由教师的职业属性决定的，高校"双师型"教师的师德素养包括高尚的道德品行和良好的精神状态两个方面。

（一）高尚的道德品行

高校"双师型"教师的高尚的道德品行大体可以划分为两种类型。一种类型是践行公民道德，另一种类型是践行教师的职业道德。

1. 高校"双师型"教师的公民道德

高校"双师型"教师具有多重身份，从社会公民视角来看，高校"双师型"教师作为现代社会的一名社会公民，应当遵守社会公民道德。公民道德是一个国家所有公民必须遵守和履行的社会道德规范的总和。根据我国《公民道德建设实施纲要》，我国公民道德主要包括爱国守法、明礼诚信、团结友善、勤俭自强、敬业奉献。

对于高校"双师型"教师来说，其教师公民道德也应包括爱国守法、明礼诚信、团结友善、勤俭自强、敬业奉献几个方面。其中爱国守法是公民最重要的道德规范和公民道德的基本要求，明礼诚信是公民的基本道德要求，团结友善是指公民之间应当建立和保持的和谐关系，勤俭自强是公民在日常生活中的一种积极健康的状态，敬业奉献是公民对待国家和工作的一种基本态度。公民道德是我国对公民在道德领域的基本要求，是培养有文化、有担当的公民，建设社会主义和谐社会的重要准则。

高校"双师型"教师的公民道德要求教师不仅应当注重在公共场所的行为，要在学生面前注意自身的言行，保持礼貌，还要在各种公共场所行为举止端庄、优雅。如果高校"双师型"教师的公德较弱，则会影响教师的形象，不利于构建和谐的师生关系，对教学效果产生不良影响。

2. 高校"双师型"教师的职业道德

除了良好的公德之外，高校"双师型"教师还应具备良好的职业道德。教师的职业道德在我国《教师法》《高等学校教师职业道德规范》等法律法规中进行了详细表述，其中包括爱国守法、教书育人、为人师表等内容。高校"双师型"教师的职业道德要求教师不仅应当具备良好的个人品德、修养、作风、习惯，无论在工作中还是学习中，均应成为道德典范，尤其是在教学中应具有诚实、善良、友好、民主的良好作风。

2018 年，我国教育部印发了《新时代高校教师职业行为十项准则》，对高校教师的职业行为提出了明确的规范（见表 4-1）。

表 4-1　新时代高校教师职业行为十项准则一览表

准则	内涵
坚定政治方向	坚持以习近平新时代中国特色社会主义思想为指导，拥护中国共产党的领导，贯彻党的教育方针；不得在教育教学活动中及其他场合有损害党中央权威、违背党的路线方针政策的言行
自觉爱国守法	忠于祖国，忠于人民，恪守宪法原则，遵守法律法规，依法履行教师职责；不得损害国家利益、社会公共利益，或违背社会公序良俗
传播优秀文化	带头践行社会主义核心价值观，弘扬真善美，传递正能量；不得通过课堂、论坛、讲座、信息网络及其他渠道发表、转发错误观点，或编造散布虚假信息、不良信息
潜心教书育人	落实立德树人根本任务，遵循教育规律和学生成长规律，因材施教，教学相长；不得违反教学纪律，敷衍教学，或擅自从事影响教育教学本职工作的兼职兼薪行为
关心爱护学生	严慈相济，诲人不倦，真心关爱学生，严格要求学生，做学生良师益友；不得要求学生从事与教学、科研、社会服务无关的事宜
坚持言行雅正	为人师表，以身作则，举止文明，作风正派，自重自爱；不得与学生发生任何不正当关系，严禁任何形式的猥亵、性骚扰行为
遵守学术规范	严谨治学，力戒浮躁，潜心问道，勇于探索，坚守学术良知，反对学术不端；不得抄袭剽窃、篡改侵吞他人学术成果，或滥用学术资源和学术影响
秉持公平诚信	坚持原则，处事公道，光明磊落，为人正直；不得在招生、考试、推优、保研、就业及绩效考核、岗位聘用、职称评聘、评优评奖等工作中徇私舞弊、弄虚作假
坚守廉洁自律	严于律己，清廉从教；不得索要、收受学生及家长财物，不得参加由学生及家长付费的宴请、旅游、娱乐休闲等活动，或利用家长资源谋取私利
积极奉献社会	履行社会责任，贡献聪明才智，树立正确利益观；不得假公济私，擅自利用学校名义或校名、校徽、专利、场所等资源谋取个人利益

（二）良好的精神状态

高校"双师型"教学中，教师应保持良好的精神状态。教师在教学中应保持充沛的精力、输出正能量、意志坚定、充满工作激情。

1. 保持充沛的精力

高校"双师型"教师在教学中，应当保持充沛的精力。只有精力充沛，才能保持旺盛的精力，也才能具有较强的创造性。高校"双师型"教师保持充沛的精力，应当身体健康，不易疲劳；具有足够的知识储备满足教学需要；情绪饱满，精神愉快；价值感稳定，具有较强的工作热情；人际关系和谐；具有较强的自我价值，并且对教师职业具有强烈的认同感。一旦走上讲台，就能够提起精神，投入教师的职业角色。

2. 输出正能量

高职学生正处于世界观、人生观和价值观的形成时期，处于从学校走向社会的关键阶段。而每一个学生均是独立的个体，不同学生的性格习惯和学习能力等千差万别，具有思想多元化，喜欢模仿等特点。面对高职学生的独特特点，高校"双师型"教师在教学中应当保持正能量，并且输出正能量。

高校"双师型"教师作为具有双职称，以及理论素养和实践素养兼备的教师，在教学中，对学生的成长起着极其关键的作用，应当通过言传身教的能力不断输出正能量，为学生树立良好的教学典范。

例如，高校"双师型"教师在教学科研方面的不断突破与自我超越，在教学过程中公平及平等地对待学生，推动学生素质的全方位发展。在教师的个人修养方面，严于律己，努力学习和研究该主题和专业相关的知识。

3. 充满工作激情

高校"双师型"教师在教学过程中应当保持强烈的工作激情。根据有关的教师生涯理论，教师在从事教学活动时，通常在从业初期保持较为高涨的工作激情，愿意在工作中花费时间和精力去钻研。然而当职业的新鲜感消失后，通常较难保持旺盛的工作激情。

然而，教师作为一种特殊的职业，所面对的学生具有流动性，因此，高校"双师型"教师，无论在任何时刻，均需要教师保持较高的工作激情。只有保持高昂的工作激情，教师在教学中才能取得良好的效果，才能真正实现教书育人的目的。高校"双师型"教师在教学中保持工作激情应当树立对教师职业的强烈认同感，从内心深处热爱教师工作；确立明确且积极的工作目的；制定阶段性的工作目标；保持成就动机的激励；设定合理的自我效能感，同时不断进行自我激励。

三、高校"双师型"教师师德素养培养的重要性

高校"双师型"教师的师德素养可以通过后天的不断培养而提升，培养和提升高校"双师型"教师的师德素养具有极其重要的作用。

（一）高校"双师型"教师师德素养培养能够增强教师的身份认同

身份是人类在社会组织中出身和地位的彰显，人类个体的身份在社会中的彰显和表现源于人类个体在社会中的互动。身份本身没有意义，而身份认同则决定着人们采用什么方式来理解和改变世界。

身份认同蕴含着一个人的各种信念、价值观和态度、知识和能力。身份是某人或群体的标志或独有的品质，身份认同既包括对个体特质和属性的确性，也包括对个体和群体关系的认同。

教师身份认同既包括教师自身对其个人身份的理解也包括社会群体对教师身份的理解。教师作为教书和育人的主体，承担着重要的教书育人的职责，以及培养社会主义事业建设者和接班人、提高民族素质的重要使命。

我国传统文化中的教师自古以来即被社会赋予"传道、授业、解惑"的职责，被誉为"人类灵魂的工程师"，这一高尚的称谓中寄托着社会群体和他者对教师角色的期望和认同，要求教师不仅具有较强的专业技能，还必须具有较强的职业道德素养，能够切实做到既是学生学习方面的"经师"，也是学生成才方面的"人师"。教师的道德发展与教师的身份认同之间存在十分密切的关系。高校"双师型"教师也是如此。

高校"双师型"教师的道德发展是以其身份认同作为基点的，身份认同高校"双师型"教师发展的内在基础，也是高校"双师型"教师主体进行自

我建构的过程。

教师作为一种现代职业的身份认同由教师自我认同、他者认同和社会认同三方面共同组成。其中教师自我认同是教师道德发展的内在根源，这是由于教师的职业道德附着在教师身份之上，教师身份的获得并不意味着教师道德的产生。只有当教师自我对其教师身份进行认同后，才能回答"如何成为一名合格的教师"的问题，才会从内心深处、从道德层面对教师身份的行为进行约束。

"知道我是谁，就是在道德空间有方向感；在道德空间中出现的问题是，什么是好的或坏的，什么值得做和什么不值得做，什么对你是有意义的和重要的，以及什么是浅薄的和次要的。与空间方向感相联系的迹象存在于人类心灵极深处。"

对于高校"双师型"教师来说，只有当其对自我作为"教师"的身份进行认同之后，才会影响其价值观和职业观的重塑。

教师的自我认同过程是一个不断进行自我修正和自我改变、自我发展的过程，在这一过程中，教师不仅要具备相应的专业教育知识和教育技能，还应该具备教师应该具有的态度、情感和价值，其中即包括道德修养。从这一层面来看，教师自我认同可以促进教师道德素养的发展，反过来教师道德素养的发展也能够对高校"双师型"教师的价值观和职业观产生影响，从而影响高校"双师型"教师的自我身份认同。

高校"双师型"教师的自我身份认同能够强化高校教师的行为，推动高校教师不断精进学识，补充理论和实践知识，激发"双师型"教师在教学活动、科研活动和实践学习活动中的积极主动行为，从而达到不断提升高职院校"双师型"教师队伍素养，推动我国现代职业教育不断发展的目的。

（二）高校"双师型"教师师德素养的培养和提升是新时代高校教师使命的基本保证

教师是一项极其特殊的职业，教师的职业涉及社会中两个极其重要的社会关系。其一是教师与学生之间的关系。高职学生普遍年龄为17~22岁，正处于从未成年人向成年人过渡的关键时期，教师与学生的关系既属于教育者与被教育者的关系范畴；也属于成年人与青少年之间的关系范畴。无论从哪一个类型的关系范畴来看，高校教师均具有一定的心理优势，而高职学生由于大多刚刚从未成年人步入成年人的行列，还未具有完全法律行为能力，或刚具有完全行为能力。此时，高校教师，尤其是"双师型"教师的一言一行均会对学生产生深刻甚至深远的影响，因此，高校教师必须具有高尚的师德，才能为学生树立良好的榜样。

除了师生关系之外，教师作为一个国家从事教育事业的工作者，还承担着国家和社会的教育期待。教育关系着一个国家和民族的未来，从事教育工作的教师承担着为国家和社会培养人才的使命和责任，因此，国家、社会和教师之间存在紧密的关系。国家和社会在充分尊重教师的同时，对教师的人格、品德，以及知识和技能提出了一系列要求。

（三）高校"双师型"教师师德素养的培养和提升有利于构建和谐的师生关系

教师和学生是高校教学的两个重要主体，在高校教学中起着十分重要的作用。师生关系是高校关系中最重要、最基本的关系，师生之间的关系包括教学关系、情感关系和道德关系三个方面（见表4-2）。

表4-2　师生之间关系类型构成一览表

类型	内容
教学关系	教师和学生之间由于共同的教学任务而建立的关系，是师生之间的最基本的关系，也是教学活动顺利进行的前提
情感关系	师生在教学活动中通过交流和沟通而产生的情感联系，师生间的情感交流和沟通是一种较深层次的交流方式，体现在教学活动的各个方面，也是师生关系融洽与否的重要表现 师生间的情感关系的建立超越了师生间的教学关系，加深了师生间的情感传递与交流，这种关系的建立对教学活动起着十分重要的影响，对师生双方均起着良好的积极作用
道德关系	师生在教育教学的过程中履行相关的道德义务，双方均须遵从相应的道德规范，其行为依赖相应的道德规范进行协调

中国传统的师生关系主要依赖于儒家师生关系理念的维系，例如"师道尊严"等。而社会主义新时代教育背景下，师生关系则是一种平等、民主、

合作的和谐关系。和谐的高校师生关系是指高校教师与大学生之间相互尊重，互相理解，形成良好的平等沟通关系，是一种新型的理想的高校师生关系。和谐高校师生关系的建立不仅有利于提升高校教学质量，促进高校教学，还有利于调节高校大学生的心理健康，培养学生良好的思想品德，并为构建和谐社会做出重要的积极贡献。

高校和谐师生关系的建立要求师生双方必须遵从相应的道德规范，一旦出现教师道德滑坡或学生道德失范现象，则会对高校师生关系产生不良影响，导致师生间友好沟通和交流渠道无法建立，无法达到师生间的心理相容和情感共鸣，进而对融洽的师生关系的建立造成不良影响，导致师生关系出现异化，甚至使学生和教师走向对立。而师生关系之间的异化不利于正常的教学秩序的开展，也不于高校教师教学的推进和高校"双师型"教师队伍的建设。

综上所述，高校"双师型"教师的师德素养在高校和谐师生关系的建立中起着极其重要的作用。高校"双师型"教师的师德素养培养与提高，对"双师型"教师的个人道德品质以及职业道德均提出了较高要求，有利于提升教师的责任心。高校"双师型"教师的爱岗敬业，关爱学生，能够通过教学活动被学生感知和体会，从而有利于教师与学生建立起通畅无阻的情感交流和沟通，构建和谐的师生关系，不断提升"双师型"教师的教学成果以及其对学生的正面影响。

（四）高校教师道德发展有利于推动职业教育的改革与发展

2010 年，我国教育部正式发布了《国家中长期教育改革和发展规划纲要（2010—2020 年）》，该文件致力于对旧的教学思维和落后之处进行改革，从而促进我国高等教育朝着更加公平、公正、公开的方向发展，为社会主义现代化建设培养高素质优秀人才。

2014 年，国务院召开全国职业教育工作会议，出台《关于加快发展现代职业教育的决定》。

2018 年全国教育大会之后，国务院印发《国家职业教育改革实施方案》，其中指出："职业教育与普通教育是两种不同教育类型，具有同等重要地位"，并提出了国家职业教育改革的具体实施方案。

2021年，中共中央办公厅、国务院办公厅印发《关于推动现代职业教育高质量发展的意见》，该文件中明确了我国现代职业教育未来五年甚至十年的发展目标。

现阶段，在我国现代职业教育改革的大背景下，"双师型"教师在教学中的功能和作用发生了重大转变和调整，主要表现在两个方面。

一方面，高校"双师型"教师在教学中的地位发生了重大转变和调整。传统教学活动中，教师是课堂教学活动的主导者和中心，在教学活动中处于绝对主导地位；而改革后的教学活动中，教师从课堂教学活动的主导者变成了引导者，学生在教学活动中的地位提升，成为教学活动的中心。

另一方面，教师在教学活动中地位的变化，引发了高校"双师型"教师教学方法的变革。以教师作为主导和中心的教学活动中，教师多采用知识灌输的教学方法，而改革后的教学活动中，要求教师的教学方法均从学生的需要出发，激发学生的学习兴趣和主动学习精神。

教师是教学活动的主体，近年来，伴随着我国教育有关部门对"双师型"教师的重视，"双师型"教师成为推动教育发展和教学改革不可或缺的关键角色。高校"双师型"教师的师德素养中的"爱岗敬业、关爱学生"等均为教师师德的重要体现，也是教师责任感的体现。高校师德和责任感之间存在十分密切的联系。

责任感是高校师德的核心。任何职业均要求从业者具有较强的责任感，教师职业也是如此。责任一般由两部分构成，即契约责任和道德责任，责任在高校教师职业道德中起着重要的核心作用和统领作用。如果一名教师缺乏责任感，教师就失去了教学动力，无法完成教师职业的自我认同，师德也无从谈起，教师随时可放弃教师职责。与之相反，教师只有明确了自己的责任，认识到教师职责对自己的职业、对学生、对社会、对国家，甚至对整个人类知识和文化传承中的重要影响，才能更加自觉地践行教书育人、严谨治学、爱岗敬业和关爱学生的职业道德，才能将师德内化并体现在教学实践之中。当代教师的责任大体可划分为三项，即岗位责任、社会责任和国家责任，这三项责任是新时代"双师型"教师应当担负的主要责任。高校"双师型"教师只有具备了良好的师德素养，才能够在教学活动中切实承担其相应的现任。

责任感是培养和树立高校"双师型"教师师德的根本途径。高校"双师型"教师只有具备了强烈的责任感才能自觉提升师德修养，提升素质，承担相应的职责。因此，对高校"双师型"教师来说，只有具备了责任感才能培养爱岗敬业的态度，切实履行教书育人的根本职责，才能发自内心地关心和关爱学生，也才能发挥为人师表的重要作用，提升"双师型"教师教学水平和良好师和高洁的品德提高的重要途径。

除此之外，责任感还是高校"双师型"教师进行师德评价的重要价值尺度。高校教师具有较高的知识水平、文化素质，然而，不同教师的思想觉悟、师德规范、师德觉悟和师德水平则不尽相同，社会和高校对教师职业道德素质高低的标准主要为有无责任感。如果高校教师的责任感较强，那么，高校教师则表现出较强的爱岗敬业和关爱学生的精神。

综上所述，现阶段，我国正处在一个非常重要的历史时期，也是一个关键的历史时期。"双师型"教师在现代职业教育改革中起着极其关键的作用，能够推动职业教育改革取得不断发展与进步。职业教育改革的成功离不开"双师型"教师在教学中充分担当其自身的作用，发挥积极作用。"双师型"教师队伍建设离不开师德建设，只有充分提升高职院校"双师型"教师的师德，强化"双师型"教师的责任意识和道德思想，才能激发"双师型"教师的工作积极性，不断提升"双师型"教师参与现代职业教育改革的积极性。

第二节　高校"双师型"教师师德素养能力的培养路径

高校"双师型"教师师德素养能力的培养路径可从教师自身因素和外界因素两方面着手。

一、加强高校"双师型"教师对师德素养的重视

高校"双师型"教师师德素养的高低与"双师型"教师自身的内在修养之间存在着密切关系。只有不断提升"双师型"教师的内在修养，加强"双师型"教师爱岗爱生、学高身正、专注教学的行为，才能不断提升高校"双师型"教师的师德素养。

（一）爱岗爱生

热爱是最好的老师，是高校"双师型"教师师德素养能力培养的直接动力。"双师型"教师只有对教师这一职业充满热爱，将这一职业当作终身的事业，才会对教学产生真正的兴趣，才能主动提升自己的工作适应性，积极融入高校的教学环境，并且从教书育人，以及从事科研和实践活动中获得巨大的满足感和幸福感。否则，如果一名教师不能发自内心地热爱其所从事的教师职业，那么，其就有无法对教师这一职业产生足够的激情，自然也谈不上爱岗敬业。

教育工作是一项极其复杂的社会工程，具有较强的规律性，教育工作者应当认识和掌握教学工作规律，加强职业道德，建立专业理念意识。从师德角度来看，高校"双师型"教师应在教学过程中不断加强责任意识，深刻认识教师教学工作对学生学习成果的影响，了解教师一言一行对学生产生的深远影响，不断提升教师的责任心，切实将"爱岗、敬业、严谨、奉献"作为高校教师应当具备的基本职业操守，不断提升教师师德水平。

在教学实践中，"双师型"教师应当表现出对教师岗位和学生足够的热爱。具体来说，高职"双师型"教师的教学对象主要为高职院校的学生，这些学生与普通本科院校学生相比，既存在一定的相似性，又存在独特的特点。对此，高校"双师型"教师在教学中应当对高职学生的生理和心理特点加以充分了解，结合学生的兴趣和爱好，选择适合的教学方法。除此之外，"双师型"教师在教学中及在教学之外，应当通过与学生谈心、交流感情等方式，建立起和谐的师生关系，在引导学生学习理论知识和实践知识的同时，教导学生做人的道理。此外，当学生的学习过程中遇到困难时，教师应当本着足够的

耐心，通过换位思考的方法，站在学生的角度分析问题，找到影响学生学习的症结所在，通过以理服人、以情感人、以智治人等方法，因材施教，引导学生逐渐提高，获得学生的尊重和认可。而学生的尊重和认可能够给予教师极大的教学成就感，从而引发教师的自我效能，形成良性循环。

（二）学高身正

教师作为教学活动中的施教者一方，只有自身具备较高的学识，渊博的知识，才能引导学生更好地学习。我国社会正处于转型期，社会变化速度快，对人才的需求的标准变化也相对较快。高校教师要培养合格的社会人才，必须及时了解社会前沿信息，学习社会前沿知识，并且将这些知识及时传授给学生。除此之外，社会转型期的到来及社会科技进步，对青少年产生了较大影响，改变着青少年的人生观、价值观、学习观及学习方式和方法，对此，高校教师还应及时了解学生的心理发展状态，学习先进的科技知识手段，并将其应用于教学实践中，从而采用合适的方式和方法进行教学，以便达到教学效果最大化。

高职院校的学生，在学习专业理论知识的同时，也十分注重专业实践知识的学习。高校"双师型"教师应当注重自身知识结构的更新换代，积极充实自己的知识，拓展自身知识的边界。同时，通过多种专业实践方式，不断积累实践知识，在实践中思考、探索和总结经验，全方位提升自身的专业技能。

高职学生正处于价值观形成的关键阶段，喜欢对教师的行为进行模仿。高校"双师型"教师应当深刻认识到自身言行对学生的作用。在教学活动中，还应当严于律己，持身方正。以《新时代高校教师职业行为十项准则》对自身的行为规范进行对照，明确师德的底线，保持言行雅正，遵守学术规范，秉持公平诚信，坚守廉洁自律。

在日常教学活动中，高校"双师型"教师应当严格遵循职业道路，不断提高自身的人格魅力，切实承担起教书育人的责任。唯其如此，高校"双师型"教师在教学中才能在传播知识的同时，对高职学生的人生观、价值观产生积极向上的影响，培养品学兼优的高职院校人才。

二、优化外界环境推动高校"双师型"教师师德素养的培养

外界环境对高校"双师型"教师师德素养的培养和提升起着极其重要的作用。具体可通过以下措施，不断发挥外界环境对高校"双师型"教师师德培养的影响，提升高校"双师型"教师队伍的整体师德素养。

（一）通过政策引导加强高校"双师型"教师师德素养的培养

1949 年以来，伴随着高等教育的发展，我国高校教师的整体师德素养获得了大幅提升。自 20 世纪 90 年代以来，我国职业教育兴起，并在短时间内取得了巨大成就。2017 年进入新时代以来，我国"双师型"教师建设获得了较快发展，然而，"双师型"教师的师德素养建设环境与之前的历史阶段相比，发生了重要变化，对"双师型"教师的师德素养提出了更高要求。

进入 21 世纪以来，我国教育部等有关部门在印发了一系列政策文件，对包括"双师型"教师在内的所有高校教师的师德进行规范，有效地提升了高校"双师型"教师师德素养的培养。

2001 年，党中央国务院颁布了《公民道德建设实施纲要》，高校"双师型"教师的师德中既包含公民道德，也包含职业道德。从这一视角来看，《公民道德建设实施纲要》的颁布在一定程度上对高校"双师型"教师的师德进行了规范。

2018 年 11 月，教育部印发了《新时代高校教师职业行为十项准则》，对高校教师的职业行为进行规范，重点强调要深化师德师风建设，提升高校教师的师德素养。

2019 年，中共中央国务院印发了《新时代公民道德建设实施纲要》，对新时代公民的道德提出了新的要求。同年，教育部等七部门印发了《关于加强和改进新时代师德师风建设的意见》，其中明确将立德树人的成效作为检验学校一切工作的根本标准，把师德师风作为评价教师队伍素质的第一标准，并且将社会主义核心价值观贯穿于师德师风建设全过程。

2022 年，中共中央、国务院发布的《关于加强和改进新时代师德师风建设的意见》中指出，要大力提升教师的职业道德素养，将师德师风建设要求

贯穿教师管理全过程。要求将思想政治和师德要求纳入教师聘用合同。加强试用期考察，全面评价聘用人员的思想政治和师德表现，对不合格人员取消聘用，及时解除聘用合同。

这些政策的发布对规范高校"双师型"教师队伍的思想建设，提升高校"双师型"教师队伍的师德素养起着极其重要的作用。

（二）充分发挥高职院校在"双师型"教师师德培养方面的作用

高职院校作为"双师型"教师的工作场所，应当通过多样化措施，不断加强"双师型"教师的师德培养。

1. 高职院校应当充分重视教师的师德培养。

高职院校应当切实加强"双师型"教师的师德培养，将师德培养置于"双师型"教师综合培养的首位。以《高等学校教师职业道德规范》《中共中央国务院关于全面深化新时代教师队伍建设改革的意见》《国家职业教育改革实施方案》《深化新时代职业教育"双师型"教师队伍建设改革实施方案》等政策作为依据，加强"双师型"教师的思想政治和师德素养培训，不断提升高职院校"双师型"教师队伍的整体师德素养。高职院校可根据我国相关政策文件出台高校的教师行为规范，切实规范"双师型"教师的行为，引导"双师型"教师师德的提升，构建良好的师风和学风，全面提升"双师型"教师队伍的素质。

现阶段，我国许多高职院校出台了教师职业行为规范、教师教学工作规范等文件。以山东省 Q 职业学院为例。该学院的教师职业行为规范以《新时代高校教师职业行为十项准则》等规定作为依据，结合学校实际制定而成，从多个方面对教师的师德进行了明确规定。

第一条 坚定政治方向。坚持以习近平新时代中国特色社会主义思想为指导，拥护中国共产党的领导，贯彻党的教育方针；不得在教育教学活动中及其他场合有损害党中央权威、违背党的路线方针政策的言行。

第二条 自觉爱国守法。忠于祖国，忠于人民，恪守宪法原则，遵守法律法规，依法履行教师职责；不得损害国家利益、社会公共利益，或违背社会公序良俗。

第三条 传播优秀文化。带头践行社会主义核心价值观，弘扬真善美，传递正能量；不得通过课堂、论坛、讲座、信息网络及其他渠道发表、转发错误观点，或编造散布虚假信息、不良信息。

第四条 潜心教书育人。落实立德树人根本任务，遵循教育规律和学生成长规律，因材施教，教学相长，持续提升教育教学质量；不得违反教学纪律，敷衍教学。

第五条 关心爱护学生。严慈相济，诲人不倦，真心关爱学生，严格要求学生，公平公正对待学生，做学生良师益友；不得要求学生从事与教育教学无关的事宜。

第六条 坚持言行雅正。为人师表，以身作则，举止文明，作风正派，不得以非法方式表达诉求，不得与学生发生不当关系，严禁任何形式的猥亵、性骚扰学生。学习应用着装礼仪，穿戴符合职业特点，校园内不着过短、过露、过艳服饰，不穿着背心、无领 T 恤、短裤、拖鞋、吊带装、超短裙、运动装（体育课、户外实践课除外）等，重大集会着正装。

第七条 遵守学术规范。严谨治学，力戒浮躁，潜心问道，勇于探索，坚守学术良知，反对学术不端，不得抄袭剽窃、篡改侵吞他人学术成果，伪造学术经历、不当署名。

第八条 秉持公平诚信。坚持原则，处事公道，光明磊落，为人正直，不得在招生、考试、推优、岗位聘用、职称评聘、评优评奖、助学助困等工作中徇私舞弊、弄虚作假。

第九条 坚守廉洁自律。严于律己，清廉从教；不得索要、收受学生、家长及其他利益相关人赠送的礼品、礼金等财物，不得参加由学生、家长或其他利益相关人付费的宴请、旅游、娱乐休闲等活动，不得违规使用科研经费，不得借开会、调研、培训等名义旅游。

第十条 积极奉献社会。履行社会责任，贡献聪明才智，树立正确义利观；不得假公济私，擅自利用学校名义、场所、设备等资源谋取私利。

2. 高职院校应当构建"双师型"教师师德评价体系和激励机制

教育部在《关于建立健全高校师德建设长效机制的意见》中提出建立健

全高校教师违反师德行为的惩处机制,划出对高校教师具有警示教育意义的师德禁行行为"红七条",并建立问责机制,对教师严重违反师德行为造成不良影响或严重后果的,还要追究高校主要负责人的责任。

高职院校在培养和提升"双师型"教师的师德素养时,也应当构建健全的教师师德评价体系,一旦发现"双师型"教师出现违反师德的行为时,应当严格对"双师型"教师进行问责和惩处,确保"双师型"教师队伍的师德素质不滑坡。

高职院校培养和提升"双师型"教师的师德素养,还应进一步健全荣誉激励机制。当高职院校教师在师德方面表现出崇高的精神风范时,政府有关部门或教师所在的高职院校可以对该教师进行荣誉奖励,赋予其相应地荣誉称号,对教师的良好师德师风进行表彰,同时也可激励其他"双师型"教师以其为规范,审视自身的行为,达到见贤思齐的效果。

（三）充分发挥社会舆论对"双师型"教师师德培养的作用

社会舆论对"双师型"教师师德进行正面舆论引导,可以在社会上树立"双师型"教师爱生敬业、乐于奉献的良好师德形象,有利于在社会上形成良好的师德舆论氛围。

1. 社会舆论对教师师德的整体宣传教育

社会舆论通过对教师应当具备的师德素养进行宣传,能够在社会上形成尊师重道的氛围。良好的社会舆论氛围,不仅能使"双师型"教师掌握师德规范及教师行为准则,明确教师发展的主旋律,培养良好的职业情感,形成良好的道德自律意识,将对教育事业的忠诚转化为对学生的爱,从而达到培养和提升"双师型"教师师德素养的目的。

2. 社会舆论对典型事迹和先进人物的报道

社会舆论还可以通过对典型事迹、先进思想有组织、有计划、系统性、全面性的报道,创造良好而浓郁的社会师德氛围,同时充分发挥典型人物和典型事例的示范作用,不断对"双师型"教师产生示范导向作用。

例如媒体对教育各部门举行的评优选、典型示范、授课竞赛等活动进行报道,并对获得表彰教师的事迹进行重点报道。此外,有关部门还可通过设立专门的师德标兵等荣誉称号，发现并表彰在师德建设方面取得突然袭击出成就的"双师型"教师。

（四）充分发挥传统文化教育在"双师型"教师师德培养方面的作用

中华优秀传统文化中蕴含着丰富的师德养成教育资源，其中包括中华民族的传统美德、优秀传统文化的基本精神，以及师德文化。

中华民族的传统美德包括仁爱孝悌、谦和好礼、诚信知报、精忠爱国、克己奉公、修己慎独、见利思义、勤俭廉政、笃实宽厚、勇毅力行等方面。这些优秀的传统美德，涉及对人与自身的关系、人与他人的关系、人与群体的关系三个方面。对"双师型"教师来说，这些中华优秀传统文化中的美德与中华传统师德文化相一致。例如中华民族传统美德中的仁爱孝悌，谦和好礼的思想应用到中国传统师德领域即为爱岗敬业、热爱学生，关心学生，关心集体等精神。

中华优秀传统文化是中华民族在数千年历史中形成的，对中国人民的思维方式、价值观念、审美情趣和道德风尚的形成和发展起着十分重要的作用。其中包含着天人合一、以本为本、刚健有为、贵和尚中等思想，这些思想均可以用于教育教学中，对教师的思想和行为进行指导。

例如中华优秀传统文化中以人为本的思想，在教育中即可演化为"以生为本"的思想，即教师在教育教学中应时时处处从学生的需要出发，帮助学生克服教育教学中的种种困难，从而达到良好的教育教学效果。又如中华优秀传统文化中"贵和尚中"的思想，应用到教育领域即要求教师在教育教学中形成和谐的师生关系，构建和谐的教学环境。

除了传统美德和优秀传统文化的基本精神之外，中华优秀传统文化中还包含着丰富而悠久的师德文化。

例如得天下英才而教育之的思想和抱负。早在春秋战国时期，我国古代教育家和思想家孟子所著的《孟子·尽心上》中即指出："君子有三乐，而王天下不与存焉。父母俱存，兄弟无故，一乐也。仰不愧于天，俯不怍于人，二乐也。得天下英才而教育之，三乐也。"孟子认为作为一名教师应当担负为天下培养人才的责任，因此为师者的责任就是天下的责任，而为师者的使命也是天下的使命，坚持这种思想后所产生的快乐就是天下的快乐。得天下英才而教育之的教育思想其本质上是一种有教无类的思想，倡导教育面向民众的原则，体现了教师思想的无私与伟大。

又如崇尚养成育人的教育指导思想。中国古代十分注重养成育人的教育思想，自上古时期就形成了养成教育思想，之后，历朝历代均实践养成教育。又如重视教师人格影响和专业化知识教学能力。中国古代传统教师文化中十分注重教师的个人修为，包括温、良、恭、俭、让、仁、义、礼、智、信，倡导作为教师自身的道德感化学生，对学生的人格形成正面和积极影响。再如强调因材施教的教育方式和方法等。因材施教的思想最早是由我国大思想家和大教育家孔子提出的，春秋时期的《论语》中记载：子路问："闻斯行诸？"子曰："有父兄在，如之何其闻斯行之？"冉有问："闻斯行诸？"子曰："闻斯行之。"公西华曰："由也问闻斯行诸，子曰，'有父兄在'；求也问闻斯行诸，子曰'闻斯行之'。赤也惑，敢问。"子曰："求也退，故进之；由也兼人，故退之。"这些优秀的中华优秀传统文化均对现代师德的养成提供了丰富的资源。

利用中华优秀传统文化培养高校"双师型"教师师德素养，可从以下两个途径着手。

1. 将中华优秀传统文化纳入"双师型"教师教学科研活动之中

中华优秀传统文化博大精深，将中华优秀传统文化纳入学科教研活动中，有利于高校"双师型"教师教师从中华优秀传统文化中汲取营养，向古代具有崇高师德的先贤看齐，提升自身的师德素养。

2. 组织专门的"双师型"教师传统文化培训活动

现阶段，伴随着各高职院校对"双师型"教师队伍建设越来越重视，为了切实提升"双师型"教师的传统文化水平，培养"双师型"教师的爱国情操和师德素养，一些高职院校开始对"双师型"教师进行传统文化培训活动。例如开展工匠精神为主题的传统文化培训活动，等等。

综上所述，高校"双师型"教师师德素养的培养应当从内外两个方面着手，在加强"双师型"教师自身师德素养的同时，不断提升外界对高校"双师型"教师师德素养的影响。

第三节　高校"双师型"教师师德素养评价改革思路探索

2020 年 10 月，中共中央、国务院印发了《深化新时代教育评价改革总体方案》，该方案中指出，教育评价事关教育发展方向，健全职业学校评价，重点评价职业学校德技并修、产教整合、校企合作、育训结合、学生获取职业资格或职业技能等级证书、毕业生就业质量、"双师型"教师队伍建设等情况，扩大行业企业参与评价，引导培养高素质劳动者和技术技能人才。本节主要对高校"双师型"教师师德素养评价改革的思路进行探索。

一、建立健全高校"双师型"教师师德评价体系

2022 年，中共中央、国务院发布的《关于加强和改进新时代师德师风建设的意见》中指出，着力强调要严格考核评价机制，将师德考核摆在教师考核的首要位置，坚持多主体多元评价，以事实为依据，定性与定量相结合，提高评价的科学性和实效性，全面客观评价教师的师德表现，并将教师的师德考核结果充分应用于教师的各种考核之中。

现阶段，高职院校中存在的教师师德评价大多属于概念性评价，缺乏量化指标，且师德评价较为笼统，各项评价指标较为单一。高校"双师型"教师师德素养的评价改革有利于全面提升高校"双师型"教师的师德素养。建立健全高校"双师型"教师师德素养评价改革标准，应当结合高职教育的特点，以中共中央、国务院，以及教育部发布的各项有产百度网盘校教师师德的文件作为依据，合理设置各项评价指标与权重。

建立健全高校"双师型"教师师德素养评价体系，应当遵循全面性、立体化及可执行性强的原则，结合评价小组评价、教师自我评价及学生评价等

多种评价方式，力争设置出科学、合理、可执行性强的高校"双师型"教师师德评价体系。

（一）高校"双师型"教师师德自主评价体系

高校"双师型"教师自主评价体系的构建，一方面应当明确现有"双师型"教师自主评价体系在理念、标准和依据等方面的不足；另一方面，通过多种形式健全高校"双师型"教师自主评价体系。

高校"双师型"教师自主评价体系的建立可通过建立反思性教师师德评价体系的方式，引导教师反思自身在教学和实践中的行为，引导教师注重师德的培养。

（二）高校"双师型"教师师德他人评价体系

高校"双师型"教师师德评价除了自主评价之外，还应构建完善的他人评价体系。这里所指的他人评价体系主要包括高校教师评价小组、学生评价和企业评价。

高校教师评价小组是指高校设立的、专门的教师评价小组，该小组可对照高校"双师型"教师师德评价标准，对高校"双师型"教师的师德进行较为全面的评价。

学生评价，是指在高校"双师型"教师师德评价中充分发挥学生的作用，让学生从教学接受者的视角对"双师型"教师在教学和实践活动中表现出来的师德素养进行评价。

企业评价，是指充分发挥企业在高校"双师型"教师师德评价中的作用，对高校"双师型"教师在企业实践中表现出来的道德素养进行评价。

只有建立起科学、合理的高校"双师型"教师师德评价体系，才能对高校"双师型"教师的师德进行科学的、全面的评价。

二、完善高校"双师型"教师师德评价标准

本书立足于高职教育的特点，结合我国有关政策，充分考察了多所高职院校的教师师德评价标准，列出"双师型"教师师德考核评价表。

表 4-3 中设立了五个一级指标,这些指标分别从思想、教学、学术、社会服务以及作风等方面对"双师型"教师的师德进行评价,较为全面地覆盖了教师师德的各个方面。

表 4-3 "双师型"教师师德考核评价一览表

一级指标	二级指标	权重
信念坚定 思想积极 (15 分)	热爱祖国,热爱人民,拥护中国共产党领导,拥护中国特色社会主义制度,积极参加政治理论学习,努力提升政治修养和理论水平	5 分
	遵守宪法和法律法规,贯彻党和国家教育方针,依法履行教师职责,自觉维护社会稳定和校园和谐	5 分
	崇尚科学,追求真理,弘扬先进文化,坚决抵制西方不良社会思潮侵袭,自觉反对邪教和封建迷信活动	5 分
爱岗敬业 教书育人 (25 分)	忠诚人民教育事业,树立崇高职业理想,淡泊名利,志存高远,甘为人梯,乐于奉献	5 分
	遵守学校规章制度,切实履行岗位职责,自觉服从工作安排,积极完成工作任务	5 分
	坚持正确育人导向,遵守课堂教学纪律,不在课堂传播违法、有害的观点与言论	5 分
	注重自身修养,言行雅正,举止文明,以身作则,为人师表	5 分
	坚持终身学习,刻苦钻研,拓宽学术视野,优化知识结构,主持或参与教学、科研项目,积极带领学生参加学科竞赛活动	5 分
精心施教 严谨治学 (30 分)	热心学习现代教育理论,自觉遵循教育教学规律,积极参与教学改革,注重学思结合、知行合一,努力实施素质教育	5 分
	认真做好备课、讲授、辅导、批改作业、考试命题、试卷评阅、实践教学(实验、实习、设计、论文)等教学环节的工作,重视培养学生的实践能力和创新能力	5 分
	维护学校正常教学工作秩序,不擅自加课、减课、调课、缺课,不迟到、不早退	5 分
	秉持学术良知,恪守学术规范,诚实守信,不弄虚作假,不抄袭剽窃、篡改侵吞他人学术成果,不违规使用科研经费,不滥用学术资源和学术影响	10 分
	维护学术尊严,坚决抵制学术失范和不端行为,在推荐、评审、鉴定、答辩和评奖等活动中,坚持标准,认真负责地开展学术评价	5 分

一级指标	二级指标	权重
关爱学生　服务社会 （20分）	尊重学生，平等公正地对待学生，积极帮助学生解决学习和生活中的困难，关心学生的健康成长，不讽刺、不歧视、不体罚学生，师生关系和谐融洽	10分
	自觉承担社会义务，传播优秀文化，普及科学知识，热心公益事业，主动参与社会实践，积极提供专业服务	10分
作风正派　廉洁自律 （10分）	崇尚文明，积极向上，有乐观的生活态度、高雅的生活情趣和健康的生活方式，自觉抵制黄、赌、毒等社会丑恶现象和各种不正之风，坚定维护教师职业声誉	10分
合计	—	100分

在"双师型"教师的各类师德评价中，应当综合考虑各种师德评价的比重，更加科学、合理地对"双师型"教师的师德进行评价。

三、构建高校"双师型"教师师德评价改革的长效机制

高校"双师型"教师的师德建设是高校"双师型"教师队伍建设的首要方面，直接关系着高校"双师型"教师队伍建设的成效。高校"双师型"教师的师德评价改革直接关系着高校"双师型"教师的师德建设，为了确保"双师型"教师师德建设的可持续发展，高校"双师型"教师师德评价改革应当纳入"双师型"教师师德建设范畴中来，构建高校"双师型"教师师德评价改革的长效机制。

1. 建立健全高校"双师型"教师师德评价的内容更新机制

高校"双师型"教师的师德建设并非凭空产生，而是依赖于一定的社会现实土壤。高校"双师型"教师的师德评价改革是一项极其复杂的系统工程，涉及多方面的因素，涵盖众多工作领域。因此，高校"双师型"教师师德评价改革的建立应当树立正确的评价导向，聚集于新时代高校教师师德师风的总体判断，对高校教师师德进行总体评价的基础上，科学、合理地调整高校"双师型"教师师德评价的具体指标，以及各层面高校"双师型"教师师德评价的权重，从而使高校"双师型"教师师德评价改革真正落到实处。

2. 建立健全高校"双师型"教师师德评价标准的校正机制

任何一种评价体系均是基于一定的评价导向和评价标准进行构建的，评

价标准是贯彻评价导向的重要体现,而评价导向则是制定评价标准的依据。高校"双师型"教师师德评价改革的推进,还应当建立健全高校"双师型"教师师德评价标准的校正机制。针对高校发展的不同阶段,结合国家和社会对高校教师师德的要求,以及社会发展情况对教师师德的评价标准进行校正。

综上所述,高校"双师型"教师评价改革是高校"双师型"教师队伍建设的重要组成部分,只有建立健全高校"双师型"教师师德评价体系,明确高校"双师型"教师师德评价标准,构建高校"双师型"教师师德评价改革的长效机制才能不断保障高校"双师型"教师队伍建设的可持续发展。

第五章

高校"双师型"教师课程思政
教育能力与评价改革研究

第一节　高校"双师型"教师课程
思政教育能力概述

高校"双师型"教师思政教育能力，是高校"双师型"教师能力的重要构成部分，高校"双师型"教师思政教育能力的高低直接关系着"双师型"教师队伍建设和评价改革。本节主要对高校"双师型"教师思政教育能力的相关概念、特点进行概述。

一、高校"双师型"教师课程思政教育能力相关概念概述

了解高校"双师型"教师思政教育能力的概念和内涵，应先了解"能力"相关的概念。

（一）能力的概念辨析

能力，简而言之就是指胜任某项任务的主观条件。能力不是天生的，而是以人一定的生理和心理素质为基础，在认识和实践活动中形成、发展出的完成某种任务的能动力量。个体在某方面能力的形成与个体的生理机能和心理作用，以及社会文化因素等息息相关，是体力和智力的有机结合、物质和精神的动态统一。

"能力"一词在使用中，常与"智力""素质""知识""技能"等概念混

淆。本书在此对"能力""智力""素质""知识""技能"等概念加以区分，明晰能力的概念及特点，以便读者更好地理解能力的概念与内涵。

1. 能力与智力的概念辨析

智力，是人脑对客观事物的现象及其规律的反映能力，属于个体认识方面的能力。

能力与智力之间存在极其密切的联系。一方面，智力是能力的重要组成部分，在个体能力的构成和发展中起着关键作用。智力是能力的外在表现，个体的智力高低直接决定着个体能力的高低。如果个体智力较高，那么可能会表现出较高的能力；相反，如果个体智力较低，那么个体的能力则会受到一定的限制。另一方面，智力不等于能力，除了智力之外，个体的能力还受兴趣、情感、意志等诸多非智力因素的影响。

2. 能力与素质的概念辨析

素质指事物本来的性质和基础，人的素质指人所具有的从事某种活动的生理、心理条件或身心发展水平。其中包括人的先天禀赋和被内化的、后天的教育、影响诸因素。个体素质与能力之间的关系极其复杂。

（1）个体素质包括个体生理素质和心理素质两个方面

个体素质和能力的构成因素相同，而且个体素质是个体能力产生和发展的前提和基础。如果个体不具备某种素质就难以形成相应的能力。此外，即使个体已经具备了某种素质，也必须经过实践才能形成某种能力。例如个体具备了游泳的基本生理和心理素质，如果不经过刻苦实践，也无法具备游泳的能力。

（2）个体的素质对能力的形成和发展存在导向和制约作用

这就要求教师在教学中，因材施教，注意培养和发展学生的个性和特长，同时又要坚持社会主义建设者和接班人的培养目标，注重培养学生的创新精神和实践能力，以提升学生的综合素质。

（3）素质和能力具有可变性

在一定条件下，能力与素质之间存在正相关关系。个体的素质和能力均不属于天生，均可通过后天的培养和教育养成。在一定条件下，个体的能力与素质之间存在正相关关系，个体能力随素质的提高而不断发展。

3. 能力与知识的概念辨析

知识是对事物属性与联系的认识，表现为对事物的知觉、表象、概念、法则等心理形式，可以通过书籍和其他人造物，独立于个体之外。知识是人类在实践中认识客观世界（包括人类自身）的成果，包括事实、信息的描述或在教育和实践中获得的技能，是人类认识和改造世界过程中的经验总结。知识和能力之间存在较为紧密的联系，主要表现在两个方面。

（1）知识是能力形成和发展的基础。

个体只有掌握了某一领域内反映事物客观规律并与其特定活动对象之间具有内在联系的知识，才能形成某种规律。相反，如果个体缺乏某一领域的知识，那么就无法形成某种能力。

（2）能力能够促进知识的掌握和运用。

能力是获取知识和运用知识的必要条件。一般个体的能力越高，其所获得的知识越渊博。知识只有经过实践才能转化为能力，否则个体的知识再丰富也不能提升个体相应的能力。

4. 能力与技能的概念辨析

技能是指人们按照某种规则或掌握各种专门技术的运作方式。技能是在一定的生理条件下，在心理活动的支配下，按照某种要求，经过反复练习而形成，并通过人的外在的、固定的活动方式，即"规定动作"表现出来。能力与技能之间的主要区别在于技能是人们通过后天的学习和效仿自己能够掌握的技能；而能力只能培养，无法通过学习和仿效获得。

能力与技能之间存在紧密联系，主要表现在两个方面。一方面，能力可以促进技能的掌握和熟练；另一方面，技能可以推动能力的进一步发展。

（二）高校"双师型"教师课程思政教育能力的概念

高校"双师型"教师的课程思政教育能力，顾名思义，指高校"双师型"教师进行课程思政教育的能力。

2020 年 5 月，教育部出台的《高等学校课程思政建设指导纲要》《新时代高等学校思想政治理论课教师队伍建设规定》等文件中均强调了课程思政教育的重要性。其中《新时代高等学校思想政治理论课教师队伍建设规定》《职业教育提质培优行动计划（2020—2023 年）》等文件中均指出高校应当根据全日制在校生总数，严格按照师生比不低于 1:350 的比例核定专职思政课教师岗位。

高校"双师型"教师大多属于高职院校的专职教师，在日常教育教学中不仅应当注重对学生专业知识和专业技能的培养，还应当在教学中有意识地将思想政治教育融入其中，提升技能人才的综合素养。

二、高校"双师型"教师课程思政教育能力的内涵

现阶段，我国还未出台"双师型"教师课程思政能力的相关要求，本书结合《高等学校课程思政建设指导纲要》《新时代高等学校思想政治理论课教师队伍建设规定》《职业教育提质培优行动计划（2020—2023 年）》等政策文件，对高校"双师型"教师课程思政能力的内涵进行分析（见表 5-1）。

表 5-1　高校"双师型"教师课程思政教育能力一览表

能力	
课程思政目标设计的能力	高校"双师型"教师进行在课程中融入思政教育的目标设计能力，这一能力是高校"双师型"教师课程思政教育能力的基础
课程思政内容开发的能力	高校"双师型"教师确定课程思政的具体目标后，还应当结合教学内容将思政教育融入其中，达到课程目标，这一能力是高校"双师型"教师课程思政教育能力的关键构成部分
课程思政教学方法创新的能力	高校"双师型"教师在课程中融入思政教育时应充分考虑学生的特点，从学生感兴趣的地方着手，不断创新教学方法，创造良好的教学氛围，以提升学生思政教育的认同性，激发学生学习的积极性，这一能力是高校"双师型"教师课程思政教育能力的关键构成部分
课程思政的教学组织和管理能力	高校"双师型"教师在课程中融入思政教育时应通过具体的教学活动达成，因此，"双师型"教师的课程思政教育目标和规划不应只停留在纸面上，还应当具备课程思政的教学组织和管理能力
课程思政的教学评价能力	高校"双师型"教师在进行课程思政教育时，还应当能够对教学效果进行评价，以便于有效改进教学方法，不断提升教学效果

三、高校"双师型"教师课程思政教育能力培养的必要性

高校"双师型"教师课程能力的培养在高校"双师型"教师综合能力培养中占有极其重要的地位。

（一）高校"双师型"教师课程思政教育能力的培养符合我国职业教育的发展

我国职业教育在培养高技术技能人才之时，还应当构建中国特色职业教育的思想体系、话语体系、政策体系和实践体系，而这些均离不开思想政治教育。

近年来，我国出台了一系列政策，加强高职院校的思想政治，落实立德树人的根本任务，其中既包括设立专职思政课教师岗位，也包括打造具有职业教育特色的思政课堂，在专业课程中融入思政教育等。高校"双师型"教师作为课程思政教育的实施者，只有不断提高其课程思政教育能力，才能提升我国职业教育课程思政教育的效果，也才能推动我国职业教育的发展。由此可见，高校"双师型"教师课程思政教育能力的培养符合我国职业教育的发展。

（二）高校"双师型"教师课程思政教育能力的培养有利于提升教师自身的思想认识

高校"双师型"教师作为教学活动的组织者，在对学生进行教学时，其自身的思想政治意识也能够获得良好的发展。高校"双师型"教师在进行课程思政教学过程中，需要对在课程的目标设计、内容设计、教学活动组织与管理、教学评价等教学活动的各个环节中融入思想政治教育，在这一过程中，高校"双师型"教师自身的思想政治意识会在潜移默化中得以提升。

高校"双师型"教师课程思政教育能力的培养有利于"双师型"教师充分认识课程思政教育的重要性，提高课程思政教育的认同性，从而在教学中

更加积极主动地提升自身的相关能力，科学设计课程思政的目标和内容，不断创新课程思政的教学方法，最终反映在教学中则能够不断提升学生的思想政治素养，引导学生树立正确的人生观和价值观，培养学生成为社会主义的合格接班人。

（三）高校"双师型"教师课程思政教育能力的培养有利于提升"双师型"教师的综合素养

课程思政是一门极其特殊的课程，其不仅要求"双师型"教师具备较仍为扎实的专业知识和较强的教学能力，而且还要求"双师型"教师具备较高的政治素养、严谨的科研态度和高尚的道德品质，具有较强的使命感和责任感。因此，高校"双师型"教师课程思政教育能力的培养不仅可以提升"双师型"教师的课程思政教育能力，还能够提升"双师型"教师的综合素养。

综上所述，高校"双师型"教师课程思政教育能力的培养在高校"双师型"教师整体素质的培养中发挥着极其重要的作用。

第二节　高校"双师型"教师课程思政教育能力的培养路径

我国高职院校的课程思政教育主要通过马克思主义理论与思想政治教育课程，以及职业教育、法律教育和大学生心理健康教育等实现。这些课程涉及科学社会主义、哲学、法律、心理学、教育学等多学科交叉理论，因此，高校"双师型"教师不仅应对其教学内容进行深入钻研，掌握课堂教学中所传授的知识精髓，还应对其中的重要理论观点，如马克思主义理论、毛泽东思想、邓小平理论等的内在联系加以研究，同时结合时代发展和社会变革中出现的前沿理论进行吸收和吸纳，以便不断提高教师自身的理论修养，成为一个拥有广博知识、紧跟时代发展的高职院校德育教师，只有这样才能为积极引导学生提高道德认知水平。

一、将社会主义核心价值观纳入高校"双师型"教师课程思政教育能力培养体系

社会主义核心价值观是社会主义核心价值体系的内核，体现社会主义核心价值体系的根本性质和基本特征，反映社会主义核心价值体系的丰富内涵和实践要求，是社会主义核心价值体系的高度凝练和集中表达。将社会主义核心价值观纳入高校"双师型"教师课程思政教育能力培养体系有利于高校"双师型"教师坚定社会主义价值观，不断提升自身的思想意识。

（一）社会主义核心价值观的内涵

2017 年党的十九大报告中进一步指出"社会主义核心价值观是当代中国精神的集中体现，凝结着全体人民共同的价值追求。"社会主义核心价值观的内涵主要为富强、民主、文明、和谐、自由、平等、公正、法治、爱国、敬业、诚信、友善，共 24 字。这些内涵可划分为三个层面，即国家层面的价值目标、社会层面的价值取向、个人层面的价值准则。

1. 社会主义核心价值观在国家层面的价值目标

社会主义核心价值观在国家层面的价值目标为"富强、民主、文明、和谐"，这 8 个字既是我国社会主义现代化国家建设的目标，也是对社会主义核心价值观基本理念的提炼，在社会主义核心价值观中处于最高层次，对自由、平等、公正、法治、爱国、敬业、诚信、友善等社会主义核心价值观具有统领作用。

富强，即国富民强，是社会主义核心价值观国家层面价值目标的重要组成部分，也是数千年来中华民族矢志不渝追求的目标和方向。中华民族在数千年的发展史中，虽历经磨难，然而中华民族历朝历代的人民始终以坚强的意志和顽强的拼搏精神傲然屹立于世界民族之林，追求国富民强的理想。只有实现国家富裕，人民富足，才能为国家的建设和发展提供充足的物质基础，才能为国家和人民战胜一切挫折和困难奠定基础，也才能为实现中华民族的伟大复兴目标而提供有力支撑。

民主，即人民当家作主。中国共产党对人民民主十分重视，将人民民主视为现代社会主义国家民主政治的基础。社会主义核心价值观中的民主是中

国共产党追求人民至上和人民主体的价值追求的体现，也是社会主义政治建设的价值目标。实现社会主义民主政治就要将党的领导与人民当家作主和依法治国有机统一起来，唯其如此，才能为社会主义伟大复兴的中国梦的实现奠定广泛的人民基础。

文明，是社会主义核心价值观国家层面价值目标的重要组成部分，也是中国特色社会主义文化发展的核心价值。文明是一个国家的灵魂和人民素养的集中体现，也是构建国家文化软实力建设的重中之重。一般来说，文明是一个国家建立在一定物质生活基础之上地对积极健康的精神生活的追求和向往，是一个国家核心竞争力的重要体现。

和谐，是社会主义核心价值观国家层面价值目标的重要组成部分，也是社会主义建设和生态文明建设的核心价值目标，是中国特色社会主义的本质属性，也是对一个国家人与人之间、人与社会之间、人与自然之间理想关系状态的体现。和谐作为一种人类社会的理想生存状态和生活方式，寄托着人类对生活的美好向往。中国人民自古以来即对和谐孜孜以求，而在社会主义现代化建设的今天，以及中华民族伟大复兴的中国梦的实现中，对和谐的追求显得尤为重要。

富强、民主、文明、和谐作为社会主义核心价值观国家层面价值目标，在社会主义国家建设中起着十分重要的作用。富强、民主、文明、和谐是一个有机联系的整体，其中富强是民主、文明与和谐实现的物质保障；而民主则为富强、文明与和谐的实现提供了政治制度支撑；文明是富强、民主、和谐实现的精神动力；和谐则为富强、民主、文明的实现提供了良好的环境基础。四者相互影响，协调发展才是社会主义国家保持旺盛生机与活力的基础。除此之外，富强、民主、文明、和谐的还是一项十分复杂的系统工程，为了实现这一工程，需要党和人民共同奋斗，充分发挥党和人民的共同力量，才能推动社会主义健康、积极发展。

2. 社会主义核心价值观在社会层面的价值取向

社会主义核心价值在社会层面的价值取向为"自由、平等、公正、法治"。其中自由是社会主义核心价值观在社会层面的价值取向的重要组成部分，是指社会主义国家中的个人对自觉、自愿、自主的意志与行为的向往与追求，是个人的自由全面的发展，包括个人的意志自由、存在和发展的自由。自由是社会主义中对人类社会的美好向往，也是马克思主义社会价值目标的重要组成部分。

平等，是社会主义核心价值观在社会层面的价值取向的重要组成部分，是指的公民在法律面前一律平等，人人享有公平的社会权益，同时平等履行社会义务。自由和平等是社会主义市场经济的内在发展要求，也是社会主义市场经济持续繁荣与发展的基础。只有在社会主义内部创造自由平等的社会主义市场经济环境，才能充分激活各个社会主体的发展潜力与发展活力，从而推动社会主义市场经济着健康、可持续的方向发展。

公正，是社会主义核心价值观在社会层面的价值取向的重要组成部分，是指社会公平和正义，社会主义核心观的公正是以人的解放、自由平等权利的获得为前提，是国家和社会发展的根本价值理念的体现，也是社会主义制度的本质体现，是发展社会主义和谐社会的标志。只有建立起公正的社会环境，国家中的每一位公民均能平等地享受教育、就业及有参与社会公共生活的权利，社会成员才能获得均等的发展机会，社会才能保持健康发展。而一旦社会公正缺失，则会引发社会中人与人之间的不平等，从而引发各种社会矛盾与冲突，不利于社会的健康稳定和谐发展。

法治，是社会主义核心价值观在社会层面的价值取向的重要组成部分，是指依法治国，依法治国是社会有序运行的法律和制度保障，如果一个现代化国家不以法律制度作为支撑，那么社会的运行将会变得混乱无序。相反，只有坚持依法治国、依法执政和依法行政才能推动社会经济、政治的稳定发展，才能确保人民群众的利益不受侵害。

社会主义核心价值观中的自由、平等、公正、法治作为社会主义社会层面的价值导向，四者之间存在着相互独立又相互联系，不可分割的客观关系。其中自由和平等是社会发展的活水之源，在整个社会健康发展中起着重要的基础作用，公正则是社会健康发展的环境保障，法治是健康发展的制度支撑。四者之间相互作用又互相影响，共同促进社会健康、持续、稳定发展。现阶段，我国正处于社会主义初级阶段的发展阶段，伴随着社会主义市场经济的发展，各阶层之间的利益关系显得纷繁复杂，社会主义市场竞争中屡屡出现不正当竞争、无序竞争，甚至道德失范行为。与此同时，社会主义市场经济的发展极大地提升了我国社会人民群众的经济发展水平，而经济发展促进了人民权利意识的发展，人民群众对社会公平和正义提出了更高要求。社会主义法治理念包括依法治国、执法为民、公平正义、服务大局和党的领导五个方面。从社会主义市场经济的发展现状与人民群众的社会需求角度来看，倡导自由、平等、公正、法治是实现中华民族伟大复兴的中国梦的基础，也是为人民谋福祉、为人民谋幸福的重要途径，还是凝聚社会共识、振奋社会主义人心，增强社会主义信心，以及推动社会主义中国不断发展的精神支撑。因此，在社会主义建设和发展中，必须将自由、平等、公正、法治作为社会主义社会层面的价值导向，才能推动社会的健康、可持续发展。

3. 社会主义核心价值观在个人层面的价值准则

社会主义核心价值观在个人层面的价值准则主要为"爱国、敬业、诚信、友善"，这是社会主义国家公民必须恪守的价值准则与基本道德准绳，也是公民道德行为评价的基本价值标准。社会主义核心价值观必须扎根于现实生活，体现在人民群众的日常生活中，并通过社会法律法规等制度手段固定下来，才能成为一种公认的社会文化，才能转化为社会主义国家中人民群众的内在信念和自觉行为。

个人在现代社会中不能独立于国家和社会而存在，而是与国家和社会紧密联系在一起。爱国主义情感是中华民族的传统情感，贯穿于中华民族发展和复兴的整个历史过程。爱国主义是中华民族每个公民的责任与义务，也是中华民族数千年传统优秀道德思想之一。中华民族五千年发展史中历经曲折与磨难，然而却依靠爱国主义而屡次崛起，不断由弱变强，造就了中华民族自强不息的精神。爱国思想既表现为对祖国壮美河山、优秀历史文化的浓厚情感，也表现为个人对祖国的深厚依赖之情。在社会主义建设和发展阶段，爱国主义精神是社会主义各族人民凝聚情感和建设社会主义中国的热情的至关重要的核心价值观。

敬业，是指重视和热爱自己所从事的工作，只有热爱自己的工作，才能在工作中的充满热情、认真、细心地进行工作，从而升华为对工作集体和对国家的热爱。社会工作中的敬业者一般具有较强的集体荣誉感和集体责任感，

95

在获得个人成功的同时，希望集体因个人获得荣誉而自豪。一个国家由千千万万个体而组成，只有国家和社会中的个体持有敬业理念，才能实现中华民族伟大复兴的宏伟目标。

诚信，即以诚待人，取信于人，包含忠诚与守信两种重要思想。诚信是中华民族基本的道德评判标准，无论从事哪一个职业，其基本要求均为诚信，体现了中华民族独特的社会道德评判尺度。社会主义核心价值观中的诚信不仅包括个人道德修养层面，还包括社会公德和国家之间友好交往的行为准则。诚信体现在社会建设和发展中的方方面面，小到个体与个体之间的约定，大到国家与国家之间的交往均需以诚信作为准则。

友善，是指待人友好，与人真诚。友善是中华民族传统的处事准则，也是社会主义公民之间基本关系的价值准则。友善不仅能够体现出个体素质的高低，还能够体现出一个国家和社会的整体文明程度的高低。

爱国、敬业、诚信、友善是国家治理对公民个体的价值要求。任何一个国家和社会均离不开社会公民个体，公民不能脱离社会和国家而单独存在，在社会主义社会中，每位公民均具有追求个人梦想和价值的权利，而公民个体作为整个国家和社会的一员，只有将个体命运与整个国家和整个社会的命运联结在一起，将个体理想纳入国家理想和社会理想的行列中，才能更好地实现个体理想，而在这一过程中也能够推动整个国家和社会理想的实现。从这一视角来看，中华民族伟大复兴的中国梦的实现过程就是社会公民不断践行社会主义核心价值观的过程，也是社会公民不断参与社会主义建设的过程。而社会主义公民坚持在社会主义建设和发展中践行爱国、敬业、诚信、友善的核心价值观，对促进社会主义健康、可持续建设与发展起着极其重要的推动作用。

（二）社会主义核心价值观纳入"双师型"教师课程思政教育能力培养的路径

社会主义核心价值观纳入"双师型"教师课程思政教育能力培养的具体路径主要包括加强高校"双师型"教师的社会主义核心价值观培训，开展"双师型"教师社会主义核心价值观知识竞赛活动等，通过相关培训以及竞赛活动不断提升"双师型"教师的社会主义核心价值观的理解与认同。

社会主义核心价值观纳入"双师型"教师课程思政教育能力，还可通过将社会主义核心价值观纳入课程思政教学的方式实现。教学活动是一种极其特殊的活动，教师和学生在教学活动中能够相互影响。将社会主义核心价值观纳入课程思政教学，教师在进行教学的过程中能够进一步加强对社会主义核心价值观的理解，从而不断提高"双师型"教师的课程思政教育能力。

二、明确和强化立德树人的思想

高校"双师型"教师课程思政教育能力培养还可以通过加强"双师型"教师基础教育能力，明确和强化立德树人的思想来实现。教育活动具有一定的规律性，教师在教育教学活动中对学生起着全方位的影响。一方面，"双师型"教师在具体的教学实践中能够直接对学生进行知识和技能教育；另一方面，"双师型"教师自身的人生观、价值观通过教学活动可以被学生所感知和吸纳，从而对学生产生潜移默化的影响。因此，教师又被称为"人类灵魂的工程师"。

高校"双师型"教师所培养的人才是我国未来社会发展过程中所必需的高技术和高技能人才，属于我国文化软实力中的重要组成部分。伴随着科学技术的快速发展，以及世界经济全球化和区域经济一体化的不断发展，我国未来的技术技能型人才面临着跨文化合作与竞争的发展机遇，在此前提下，对高职学生的课程思政教育显得极为必要。高校"双师型"教师应当在教学中不断明确和强化立德树人的思想，在教学实践中对学生进行正确的引导，实现专业课知识传授与价值引导的有机统一，达到隐性思想政治教育的目的。

第三节　高校"双师型"教师课程思政教育能力评价改革思路探索

高校"双师型"教师课程思政教育能力的评价现阶段还未形成全国统一

的标准，也尚未构建完善"双师型"教师课程思政教育能力的评价体系。本节主要对高校"双师型"教师课程思政教育能力的评价改革思路进行探索。

一、完善"双师型"教师课程思政教育能力的评价体系

建立完善的"双师型"教师课程思政教育能力的评价体系应当明确评价目标、确定评价主体，构建评价指标体系，选择合适的评价方法。

高校"双师型"教师课程思政教育能力的评价目标应包括树立远大的理想信息，构建家国情怀，树立社会主义核心价值观，坚持科学精神，继承中华民族的优秀传统文化等方面。只有明确高校"双师型"教师课程思政教育能力的评价目标，才能更好地制定"双师型"教师课程能力评价指标体系。

高校"双师型"教师课程思政能力的评价主体应当包括学校教学督导（领导/专家）、同行教师、任课教师、学生、企业人员、学生家长、第三方机构等，建立多元化的评价主体。

高校"双师型"教师课程思政能力的评价指标体系将在下文进行具体分析。高校"双师型"教师课程思政能力的评价方法应当采用定性与定量相结合，激励性为主，奖惩性评价与发展性评价相结合、结果性评价与过程性评价相结合，以过程性评价为主的特点，有效提升高校"双师型"教师的课程思政教育能力。

二、构建"双师型"教师课程思政教育能力的评价指标体系

构建"双师型"教师课程思政教育能力的评价指标体系，应当尽可以体现出课程思政的教学特点和教学要求，反映课程思政教学过程，体现课程思政的教学效果。本书将从教学活动的特点着手，将课程思政的评价指标划分为 5 个一级指标，16 个二级指标（见表 5-2）。

表 5-2　高校"双师型"教师课程思政教育能力的评价指标体系一览表

一级指标	二级指标	分值
课程思政目标设计的能力	课程思政教学总目标的设计能力	10

一级指标	二级指标	分值
课程思政目标设计的能力	课程思政教学单元目标的设计能力	5
	课程思政教学具体课程目标的设计能力	5
课程思政内容开发的能力	专业思想政治教育知识体系的开发与形成的能力	10
	具体课程的开发与形成的能力	5
	单次课的开发与呈现教学方法创新的能力	5
课程思政教学方法创新的能力	问题澄清与道理阐明类主题教学方法创新的能力	5
	行为规范类主题教学方法创新的能力	5
	情怀培养与精神涵养类主题教学方法创新的能力	5
	问题应对类主题能力	5
课程思政的教学组织和管理能力	教学安排的能力	5
	教学切入的能力	5
	教学活动组织的能力	5
	教学活动调控的能力	5
课程思政的教学评价能力	对学生学习成果的评价能力	5
	对自身教学评价的能力	5

第六章

高校"双师型"教师教学能力建设与评价改革研究

第一节 高校"双师型"教师教学能力概述

教师教学能力是一种综合能力，也是教师工作中所应当具备的最为基本的、最重要的能力。本节主要对高校"双师型"教师的教学能力进行概述。

一、教师教学能力概念

教师教学能力是教师在工作实践中一点一滴积累而逐渐形成和发展起来的。近年来，国内外学者从不同层面对教师教学能力的概念进行了阐释。

表 6-1 教师教学能力类型及观点

类型	持该观点的代表性学者
活动方式说	大克利夫特尼 潘菽
行为说	克利夫·特尼 李克东
结构说	斯诺 J·R·安德森
能力说	胡淑珍
知识说	荀渊

从表 6-1 来看，不同学者从不同侧面揭示了教师教学能力的本质特点。本书认为，教师教学能力是教师在已经掌握的教学知识和实践经验的基础上，通过实践练习和反思体悟而形成的一系列教学行为方式和心智活动方式。

根据该定义，教师教学能力包含三层含义。

其一，教师教学能力的本质是个体以认知能力作为基础的一种个体心理特征。

其二，教师的教学能力构成具有多维特点。

其三，教师教学能力是在教学实践活动中体现出来的综合素质。

二、高校"双师型"教师教学能力的内涵、结构

本书在教师教学能力概念的基础上，结合高校"双师型"教师的特点、现代高职教育的特点，将高校"双师型"教师的教学能力划分为一般教学能力和特有教学能力两种类型。

（一）高校"双师型"教师教学能力的内涵

根据《国家职业教育改革实施方案》，高校"双师型"教师是指同时具备理论教学和实践教学能力的教师。"双师型"教师的实质内涵是要建立起具有真实能力的职业教育专业师资队伍。具体到高校"双师型"教师教学能力，则要求"双师型"教师在具备一般教学能力的基础之上，具备特有的教学能力。

这里所指的一般教学能力是指教师在执行教学活动，完成教学任务，实现教学目标的过程中所表现出来的基本能力。

高校"双师型"教师的一般教学能力由多种因素构成，是一个复杂的、多维的综合性能力，由多重技能构成。

教师教学能力由多方面的能力构成，主要包括各种教学技能。中西方学者根据不同分类标准对教师的教学技能进行了细分。在这里仅对具有代表性的教师教学技能观点进行介绍（见表 6-2）。自 20 世纪以来，国内外学者对教师教学技能进行了多角度的概述，主要包括以下几种类型。

表6-2　教师教学技能代表性分类一览表

	类型	技能	提出者
国外教学技能研究	六种技能（侧重课堂教学技能）	1. 变化的技能 2. 导入的技能 3. 强化的技能 4. 提问的技能 5. 例证的技能 6. 说明的技能	英国微格教学工作者特罗特
	五组技能	1. 强化技能、低级提问技能、变化的技能 2. 讲解技能、导入和结束的技能、高级提问技能 3. 课堂管理和纪律控制技能 4. 讨论指导技能、小组教学技能、个别化教学技能 5. 掌握学习教学的技能、培养学生创造技能和发展学生思维技能的技能	澳大利亚悉尼大学
	九种技能（侧重课堂教学技能）	1. 导入技能 2. 展开技能 3. 变化技能 4. 总结技能 5. 例证技能 6. 确认技能 7. 演示技能 8. 板书技能 9. 提问技能	日本微格教育工作者
	十四种技能	刺激多样化、导入、总结、非语言性启发、强调学生参与、流畅提问、探索性提问、高水平提问、分散性提问、确认和辨析专注行为、图解的范例应用、运用材料、有计划的重复、交流的完整性	美国斯坦福大学艾伦和瑞安
国内教学技能研究	五类项基本技能	1. 教学设计 2. 使用教学媒体 3. 课堂教学 4. 组织和指导课外活动 5. 教学研究	《高等师范学校学生的教师职业技能训练大纲》
	两类教学技能	1. 课堂教学的前期准备技能 2. 课堂教学的基本技能	《现代教学基本技能》
	十种教学技能（侧重课堂教学技能）	导入技能、教学语言技能、板书技能、教态变化技能、演示技能、讲解技能、提问技能、反馈强化技能、结束技能、组织教学技能	中国微格教学工作者

从表 6-2 中可以看出，"双师型"教师一般教学能力是由多重技能构成的能力综合体，既包括教学设计能力、教学沟通能力，也包括教学评价能力、

教学反思能力。

1. 教学设计能力

教学设计能力，是高校"双师型"教师教学的基本能力。教师教学设计能力包括教师对课堂教学目标的设计能力、教学内容和教学方法的设计能力、教学手段的设计能力，以及教学模式和教学策略的设计能力等。高校"双师型"教师教学设计能力作为高校"双师型"教师基本的、关键的能力，通常需要教师在教学实践活动中融入自身对教学的理解，并体现高校"双师型"教师教学的独特风格和个性。

2. 教学沟通能力

高校"双师型"教师教学沟通能力，主要指教师在教学活动中进行与学生之间有效沟通并且达成共识的能力。教师与学生在课堂上的有效沟通是师生和谐关系建立，推动教学活动发展的重要途径。

3. 教学实施能力

教学实施能力是实现教学目标的中心阶段的关键能力，教师教学活动的效果均需依赖教学实施活动，教师在实施教学活动时需对教学活动策略进行选择，使教学方法和教学手段更加适合学生对教学内容的接受。

4. 教学评价能力

教学评价能力是指教师在教学活动中按照多元目标和多样方式对学生的教学效果进行评价。高校"双师型"教师教学中教师常采用定性和定量相结合的方法对学生进行评价。这种综合性评价方式不仅可以对学生在学习中的表现进行评价，还可以对学生的未来学习效果进行评价，有利于教师针对学生的学习特点进行有针对性的教学设计。由此可见，教师教学评价能力在教学活动中起着十分重要的作用，是高校"双师型"教师教学必备能力之一。

5. 教学反思能力

教师教学反思能力是指教师在教学过程中对自己的教学行为、教学方法和教学决定等进行客观审视、判断和分析、整合的过程。教师教学反思能力包括教师的自我反思能力、教学反思能力、德育反思能力、生活反思能力、课程资源开发反思能力等。高校"双师型"教师教学中的教师反思能力通过从学生、教师自身等寻求问题，可以协助教师在教学活动中对自身的行为做出准确判断，并通过调整不断提升教学效果。

（二）高校"双师型"教师教学能力的特点

除了一般教学能力之外，高校"双师型"教师作为高职院校教师的主干力量，还需要具备特有教学能力。

高校"双师型"教师的特有教学能力具体可以划分为课程开发能力、课程设计能力、课程实施能力和课程评价能力。

1. 课程开发能力

课程开发能力，在这里指高校"双师型"教师除了根据教材对教学进行设计的能力之外，还应当了解相关企业对人才需求标准，对行业企业所要求的岗位技能有所了解，对行业企业所需求的岗位进行调研的能力，并结合行业企业对岗位的需求进行课程开发。

在进行课程开发时，"双师型"教师需要结合课程的专业、企业和市场对专业人才的需求，以及人才的未来成长规划等进行多维课程目标设计，以确保所开发的课程及课程目标能够适应未来社会对相关专业人才的需求。

在确定了课程目标之后，高校"双师型"教师还应具有根据多维课程目标进行课程内容组织的能力，为课程的具体实施奠定良好的基础。

2. 课程设计能力

课程设计能力，在这里指"双师型"教师能够结合课程目标与内容，对课程整体进行设计的能力。在对课程整体进行设计时，"双师型"教师不仅要考虑具体的教学模式和教学手段等内容，还应当考虑学生所处的学习阶段、学习规律，已掌握的知识，以及待掌握的知识等，从而对课程进行整体设计。

除了课程的整体设计之外，"双师型"教师还应当具有对课程整体进行拆解，以及课程单元进行设计的能力，以确保课程的整体目标被分配至各单元内，有计划、有步骤地实现课程目标。

3. 课程实施能力

高校"双师型"教师课程实施的能力具体又可细分为课程实施的通用能

力、课程实施的专业能力、信息化资源建设能力及课程教学活动组织能力。其中课程实施的通用能力与高校"双师型"教师一般教学能力中的教学实施能力具有一定的相似性。除此之外，"双师型"教师还应当具有进行实施理论课程和实践课程的专业能力，以及充分利用信息技术搭建信息化资源平台，或根据课程需要，利用信息技术进行教学的能力。课程教学活动组织能力则包括组织专业理论教学活动和组织实践教学活动两种能力。

4. 实践教学能力

高校"双师型"教师的实践教学能力是高校"双师型"教师教学能力体系中的重要构成部分，具体又可以划分为实践教学认知能力、实践教学基本能力、实践教学关键能力、实践教学发展能力四个部分。

高校"双师型"教师的实践教学认知能力是指高校"双师型"教师具有实践教学基本理念、实践教学知识结构、实践教学基本技能、实践教学基本素质等基本素养。实践教学认知能力是高校"双师型"教师实施实践教学的基本保障。

高校"双师型"教师的实践教学基本能力是指"双师型"教师具备实践教学设计能力、实践教学管理能力、实践教学实施能力、实践教学监控能力，能够在具体实践中对学生进行有效的实践指导。

高校"双师型"教师的实践教学关键能力是指"双师型"教师能够有按照职业教育实践特征开展有效的实践教学活动，具备实践教学操作能力、实践教学指导能力、实践教学合作能力、实践教学评价能力，实践教学能够对学生能力的发展起到极其重要的作用。

高校"双师型"教师的实践教学发展能力是指"双师型"教师在职业生涯发展中所不必可少的实践能力，能够有效提升职业院校实践课程的教学质量，主要包括社会服务能力、专业发展能力、教学研究能力和教学创新能力。

5. 课程评价能力

高校"双师型"教师的课程评价能力包括课程开发、实施、实践的全过程评价能力，具体又可划分为课程自我评价的能力和课程互评的能力。高校"双师型"教师的课程评价能力包括教学评价能力，也包括对课程整体开发与实施的评价（见表6-3）。

表6-3　高校"双师型"教师教学能力一览表

类型	细分能力
课程开发能力	行业企业岗位调研能力
	课程体系建设能力
	项目课程开发能力
课程设计能力	课程整体设计能力
	课程单元设计能力
课程实施能力	课程实施通用能力
	课程实施专业能力
	信息化资源建设能力
	课程教学活动组织能力
实践教学能力	实践教学认知能力
	实践教学基本能力
	实践教学关键能力
	实践教学发展能力
课程评价能力	课程自我评价能力
	课程互评能力

综上所述，高校"双师型"教师的教学能力既包括普通高校教师均具有的一般教学能力，还包括"双师型"教师独有的进行课程开发、课程设计、课程实施和课程评价的能力。

三、高校"双师型"教师教学能力的结构和特点

高校"双师型"教师教学能力所涉及的内容极其广泛，在这里主要对高校"双师型"教师教学能力的结构和特点进行分析。

（一）高校"双师型"教师教学能力的结构

高校"双师型"教师教学能力涉及专业知识的认知、专业技术的操作、对教学活动的监督和控制，以及对学生学习的指导等多个方面。有鉴于此，

本书将高校"双师型"教师教学能力的结构划分为认知程度、操作水平、监管控制能力及指导能力等。

1. 认知程度

认知程度在这里主要指高校"双师型"教师应当具备对所从事的专业的理论知识和实践应用前景等有着足够的认知，同时对学生所处的学习阶段，以及认知规律具有清晰的认知。唯其如此，高校"双师型"教师才具有对专业课程进行设计开发、组织实施教学活动等能力。

此外，高校"双师型"教师还应当具备对自身的教学过程和效果，以及对他人的教学效果进行认知的能力，唯其如此，高校"双师型"教师才能在教学实践中对自身的教学成果进行反思和评价，对他人的教学进行评价。

2. 操作水平

这里所指的操作水平包含两层意思，第一层意思是指高校"双师型"教师在教学过程中对具体单元课程和具体知识点的教学水平，涉及高校"双师型"教师在教学中对知识的讲解、讲授方式，以及对各种软硬件的应用能力等。第二层意思是指高校"双师型"教师的实践操作水平较高，能够了解专业学生所应当具备的实践操作水平，并在教学中给予学生科学的实践指导，不断提升学生的实践操作能力。

3. 监管控制能力

这里所指的监管控制能力是指高校"双师型"教师在教学中为了完成课程计划或达成教学目标，而对整个教学活动的计划、组织、调节和控制的能力。高校"双师型"教师的监管控制能力决定着课程开发的成功与否，以及教学能否顺利达成，教师在教学过程中能否发现已存在的问题，并进行有效提升，实现教师的自我价值。

4. 指导能力

这里所指的指导能力是指高校"双师型"教师对学生进行专业理论学习指导，以及专业实践操作进行指导双层涵义。

（二）高校"双师型"教师教学能力的特点

纵观高校"双师型"教师教学能力，与普通高校的教师教学能力相比，其对教学能力的要求具有更加细致、高标准的特点。具体体现在高校"双师型"教师教学能力的动态性、实践性、多学科交叉性、创新性、系统性等方面。

1. 动态性

高校"双师型"教师所面对的教学环境与其他普通高校教师所面对的教学环境不同，其所处的教学环境，具有较强的动态化特点。受区域经济结构、产业结构、科技结构、就业结构等多种因素的影响，高职院校的专业设置呈现出较强的区域性、多样性和动态化发展的特点。相应地，高校"双师型"教师的课程实施能力也应当具有较强的适应性。高校"双师型"教师只有不断调整其自身的能力方向，提升自身的能力高度，才能适应高职院校课程的变化性和动态调整性。

2. 实践性

高职教育与其他高校教育的区别在于高职教育不仅要求学生具备较高的理论素养，同时还要求学生具备较强的实践操作能力。高校"双师型"教师的教学能力一方面通过理论教学体现出来，另一方面则通过实践教学体现出来。高校"双师型"教师必须具备过硬的实际操作能力和对学生的实践指导能力，才能提高实践教学的针对性，也才能达到良好的教学效果。

3. 多学科交叉性

高职教育具有专门为某个行业提供人才培养服务的特点，因此，高职教育的专业设置和教学体系必然呈现出以学科发展为基准，受学科发展影响的特点。近年来，伴随着社会经济和科学技术的快速发展，学科发展呈现出多行业和多学科交叉发展的特点。作为高校"双师型"教师在教学中应当关注多学科的发展以及社会的变化，并对专业知识进行有效分解，将相关学科知识和技能进行整合与创新，从而使所开发的课程更加适应时代和市场的发展需求。

4. 创新性

这里所指的创新性，一方面包括知识的创新性，另一方面包括教学方法的创新性。高职教育的工作核心是为社会发展培养适合市场和行业、企业需要的人才。高校"双师型"教师在教学活动中，应当结合时代的发展，以及行业的最新发展，不断创新教学内容和教学方式，培养出具有创新思维的、适应时代和行业企业需求的杰出人才。

5. 系统性

高校"双师型"教师的教学能力是一个较为复杂的系统，由多项能力构成，这些能力之间相互影响、相互渗透，以系统能力群或能力结构体系的形式体现出来，各种教学能力之间呈现出相互联系又相互制约的特点，具有系统性的特点。

以高校"双师型"教师教学能力中的课程开发能力为例。课程开发能力不仅涉及创新能力，而且涉及教师的专业理论知识和实践能力，以及对行业企业和地域经济发展的前瞻意识，唯其如此才能开发出适合区域内高职院校特定专业的课程。

综上所述，高校"双师型"教师教学能力既包括一般教学能力，也包括特有教学能力，涉及的能力结构较为复杂、多样，呈现出动态性、实践性、多学科交叉性、创新性、系统性的特点。

第二节 高校"双师型"教师教学能力建设路径

高校"双师型"教师教学能力直接关系着教学质量和人才培养的效果，高校在建设"双师型"教师队伍时，应当充分重视高校"双师型"教师的教学能力培养。本节主要对高校"双师型"教师教学能力建设路径进行详细分析。

一、建立健全高校"双师型"教师教学能力培养制度

科学合理的制度能够为高校"双师型"教师教学能力的建设提供良好的动力支撑。近年来，伴随着我国职业教育的快速发展，我国国务院、教育等部门出台了一系列支持高校"双师型"教师教学能力建设的政策。这些政策大多数具有概括性的特点，指明了高校"双师型"教师教学能力建设的方向。然而在具体性和系统性方向仍然存在一定的挑战。对此，我国有关部门

应当从以下几个方面着手，进一步建立健全高校"双师型"教师教学能力培养制度。

（一）建立健全高校"双师型"教师教学能力培养制度体系

高校"双师型"教师队伍的建设，离不开高校"双师型"教师教学能力的培养。近年来，伴随着我国职业教育的快速发展，"双师型"教师教学能力涉及多个层面，提升高校"双师型"教师的教学能力仅仅依靠"双师型"教师个人的学习还远远不够，我国有关部门应从全国"双师型"教师教学能力整体性提高的视角出发，进一步建立健全高校"双师型"教师教学能力培养制度体系。

教师教育是一个持续发展的过程，并不是一次性的职前师范教育就能够完成的。尤其是在当前知识迭代越来越快的时代，教师教育需要终身持续进修、学习和提高。教师教学能力的培养根据教师成长阶段大体可以划分为职前培养、入职培养和职后培养三个阶段。

1. 高校"双师型"教师教学能力职前培养制度

高校"双师型"教师教学能力的职前培养是指在"双师型"教师走上教师岗位之前的教学能力培养。"双师型"教师由高职院校优秀的教师选拔而来。而高职院校的教师大多来源于各高校培养的技能人才。这些技能人才经过长期的教学实践和工作实践，积累了大量的教学理论知识和教学实践知识。取得相关职业资格证书和职称证书，才能成为"双师型"教师。

因此，我国有关部门应当进一步加强高校"双师型"教师教学能力的职前培养。例如创立专门致力于高职师资培养的技术师范大学，以满足高职院校师资需要，确保"双师型"教师教学能力培养的连贯性。又如在一流综合类大学中设立专门职业技术学院，为"双师型"教师教学能力的培养奠定基础。

2. 高校"双师型"教师教学能力入职培养制度

高职院校教师在入职时，高职院校通常为了在短时间内快速提升教师的教学能力，会举办各种青年新入校教师的教学能力培训班。该培训班在一定程度上为高职院校"双师型"教师教学能力的提升奠定了基础。现阶段，由于各高职院校的新入校青年教师培训班的师资力量不等，开设时长不等，因此培训效果也不尽相同。

对此，我国有关部门可出台相关政策，加强对高职院校新入职青年教师的培训要求，不断提升高职院校青年教师的教学能力培养，为高职院校"双师型"教师的培养奠定良好的基础。

3. 高校"双师型"教师教学能力职后培养制度

高校"双师型"教师教学能力的职后培养是指，当高校"双师型"教师走上工作岗位之后，我国教育部门或高职院校通过为其提供各种教学能力培训活动，不断提升"双师型"教师的教学能力。教师教学能力的培养具有整体性和终身性的特点，只有建立健全高校"双师型"教师教学能力的培养制度体系，才能对高校"双师型"教师教学能力的培养提供制度保障，也才能不断确保高校"双师型"教师教学能力培养的针对性、连续性和系统性。

具体来说，我国可以进一步建立健全高校"双师型"教师教学能力培养的制度。例如定期开设各类长短期相结合的国家范围内或各地方区域范围内的"双师型"教师教学能力培养课程，以便于具有较强上进心和学习力的"双师型"教师不断提升自身的教学水平。

又如以高水平大学或在中型企业作为依托，建立专门的职业教育"双师型"教师教学能力培养基地，以理论＋实践的方式不断提升"双师型"教师的教学能力，以保障"双师型"教师教学培养的针对性和连续性。

（二）建立健全高校"双师型"教师教学能力培养的评价和激励制度

高校"双师型"教师教学能力培养还应进一步建立健全相关的评价和激励制度。

高校"双师型"教师教学能力的培养应与相关的评价制度相结合，只有进一步健全和完善高校"双师型"教师教学能力的评价制度，才能更加清晰地明确高校"双师型"教师教学能力的目标，明确高校"双师型"教师教学能力的培养方向。

高校"双师型"教师教学能力培养中还应进一步健全相关的激励制度。

高校"双师型"教师承担着推进高职教育改革的重任,而责任的约束与利益的激励不可或缺。高校"双师型"教师教学能力的培养除了完善相关的培训制度之外,还应从激励的视角,进一步健全高校"双师型"教师教学能力相关的激励制度,从而激励高校"双师型"教师不断提升自身的教学能力。

二、优化高校"双师型"教师教学能力的基础建设

高校"双师型"教师教学能力的不断提升不仅需要专门的制度保障,还要不断优化高校"双师型"教师教学能力的基础建设水平。这里所指的高校"双师型"教师教学能力的基础建设主要指保障"双师型"教师教学能力全面发展的机构。主要包括高校"双师型"教师发展中心,以及高校"双师型"教师心理健康咨询中心等。

(一)高校"双师型"教师发展中心

进入 21 世纪以来,我国教育有关部门十分重视高校教师教学能力的发展,并出台了一系列相关制度,为高校教师教学能力的发展提供保障。

2007 年,《教育部财政部关于实施高等学校本科教学质量与教学改革工程的意见》出台;2008 年,《高等学校教师培训工作规程》出台,开始对传统的高校教师培训进行创新。2008 年,我国教育部师范司召开了"教师发展中心建设草案研讨会"引发了教育界的广泛关注。2009 年,首都经贸大学召开了"高校教师潜能开发国际研讨会",这次会议上,与会学者对我国高校教师发展中心的建设进行了理论探讨。2010 年,《国家中长期教育改革和发展规划纲要(2010—2020 年)》出台,明确提出了"大力提高高校教师教学水平"的要求。

2011 年,我国教育部高教司组织的"密歇根班",包括 12 所高校在内的30 多名教师代表前往密歇根大学教学与学习研究中心进行学习。同年,东北师范大学举行了"2011 高校教师发展国际研讨会",在这次会议上多位学者呼吁我国应在高校内部建立提升教师教学能力的专门机构,这次会议的举办使得高校教师发展思想在我国得到了进一步扩散,获得了大多数学者的认同。

同年,《教育部、财政部关于"十二五"期间实施"高等学校本科教学质量与教学改革工程"的意见》发布,其中明确提出"引导、支持高校建立适合本校特色的教师教学发展中心,积极开展教学改革、教师培训、质量评估、研究交流、咨询服务等工作,以提高本校中青年教师的教学水平和教学能力。"

2012 年教育部发布《教育部关于全面提高高等教育质量的若干意见》,明确提出了推动高校普遍建立教师教学发展中心的意见,同年,教育部高等教育司批准了以厦门大学教师发展中心为代表的 30 个教师教学发展中心作为"十二五"国家级教师教学发展示范中心。这一事件成为我国高校教师发展的里程碑事件,标志着我国教师发展进入了有序化、规范化的发展时期。之后,我国高校教师教学发展中心如雨后春笋般陆续出现,其中包括中国国家级教师教学发展示范中心,以及不同高校设置的教师教学发展中心等。这些高校教师教学发展中心极大地推动了我国高校教师教学质量的提升和教师素质的全面提升。

然而,纵观国内大部分高校教师教学发展中心均为针对普通高等院校的全体教师,专门面向高校"双师型"教师教学能力培养的教学发展中心还没有设立。仅有个别学校近年来开始建设专门的教师发展中心。

由于高校"双师型"教师队伍建设具有一定的特殊性,为了更好地培养和提升高校"双师型"教师的整体教学能力,我国教育有关部门和高职院校有必要设立专门的"双师型"教师发展中心,针对"双师型"教师的教学能力培养进行全面和系统的规划。例如深圳某职业学院,通过建设教师发展中心的方式,不断完善教师的激励机制与约束机制,有效促进了该校"双师型"教师队伍建设,打造了一批深受学生和企业认可的"双师型"教师队伍。

(二)高校"双师型"教师心理健康咨询中心

高校"双师型"教师与普通高校教师相比,高校"双师型"教师往往需要在专业学习方面、教学方面,以及科研方面、行业企业调研和实践方面承担着更重的责任和压力。

对此，我国教育有关部门和高职院校应当设立专门的高校"双师型"教师心理健康咨询中心，关注"双师型"教师的心理健康状况，定期对"双师型"教师的心理进行辅导，及时为"双师型"教师做好心理疏导与治疗。

高校"双师型"教师心理健康咨询中心虽然不能直接提升"双师型"教师的教学能力，然而却能够为"双师型"教师的心理健康提供保障，确保"双师型"教师的教学能力获得良好的发展保障。

三、健全高校"双师型"教师教学能力的发展平台

高校"双师型"教师教学能力的发展不仅包括专业知识和专业理论的发展，还包括实践教学能力的发展。而高校"双师型"教师实践教学能力的发展，需要依托健全的发展平台。例如，校企合作平台、行业协会互利平台、跨高校教师研讨平台等。

（一）搭建稳定、长效的校企合作平台

职业教育是我国高等教育的重要组成部分，产教融合是职业教育区别于其他教育的最重要的特征。产教融合人才培养模式是将生产与教育有机结合起来，实现理论知识的传授与实践知识传授的有机协调与融合，提高人才的实践能力。

产教融合将教育系统和产业系统有机结合起来，形成一个新的开放的系统。产教融合不仅可以让企业加入到高等教育人才培养之中，而且还可以通过校办企业的方式为高校学生提供实践平台，为培养产学结合的应用性和实践性人才培养提供了良好途径。

高校"双师型"教师作为产教融合教育的实施主体，其自身应当具备全面的理论素养和实践的能力。搭建稳定长效的校企合作平台，可以为高校"双师型"教师的实践教学能力提供稳定的支撑。近年来，伴随着我国现代职业教育的不断发展，我国逐渐形成了多种校企业结合的形式。例如引企入校、厂中校、集团办学、校办企业、企业办学等，这些形式均为我国高校"双师型"教师搭建稳定、长效的校企合作平台奠定了基础。只有充分搭

建稳定、长效的校企合作平台，才能为"双师型"教师教学能力的培养提供坚实的依托。

（二）搭建互利的行业协会互助平台

行业协会中集中了大量同一行业的优秀企业，能够精准地掌握同行业的最新动态，以及行业走势，行业和企业需求信息。行业协会起着沟通政府、市场和企业的重要作用，是多方信息沟通的重要纽带。高职院校可以通过多样化的形式与行业协会之间建立稳定的合作关系，并通过行业协会牵线搭桥，与行业内的龙头企业之间搭建起合作的平台，从而为校企合作助力，进而为高校"双师型"教师教学能力的培养提供必要条件。

（三）搭建跨高校教师研讨平台

高职院校之间可以通过搭建战略同盟的方式，充分发挥各自高校的优势，打破区域和行业的限制，实现优势资源共享，达到取长补短，合作共赢。这里所指的资源共享，既包括共享高校的图书馆、实验室、实训场地、先进的教学仪器等硬件设备，也包括共享先进的教学管理制度、最新教学信息，以及高水平的师资队伍等。除此之外，高职院校还可以搭建跨高校"双师型"教师研讨平台，为"双师型"教师走出校门或区域到其他高校学习与教研活动提供便利，从而有利于高校"双师型"教师教学水平的不断提升。

四、激发高校"双师型"教师自身驱动力

高校"双师型"教师教学能力的发展受到众多因素的制约和影响，其中既包括外界因素，也包括教师自身因素。而教师自身因素在教师教学能力发展中起着极其关键的核心作用。高校教师教学能力与教师个人的知识结构、对教师职位的认同度、教师的情感需要，以及从事教师职业的动机等有着极其重要的关系。因此，除了注重外部条件的优化之外，高校"双师型"教师队伍建设还应当充分激发高校"双师型"教师的自身驱动力。具体来说，可从以下几个方面着手。

（一）注重项目教学

项目教学是一种围绕项目实施来完成教学活动的方法。项目教学与传统教学相比，打破了传统教学中理论知识与实践知识相分离，侧重于某个单一教学能力的教学方法。而是将理论教学与实践教学充分结合。

从人才培养视角来看，项目教学能够充分挖掘学生的潜在能力，提高学生解决现实问题的综合能力，并能够引导学生将理论知识与实践知识结合起来。

从教师教学能力培养和发展的视角来看，项目教学要求教师具备较强的理论与实践能力，在教学过程中需要应用多种教学能力，对"双师型"教师的素质提出了更高要求。

在项目教学中，高校"双师型"教师必须打破固有的传统教学思维，将书本上的理论知识与现实中行业、企业的具体情况结合起来，实现理论与实践的统一。因此，项目教学能够促使高校"双师型"教师主动、积极地提升自身的理论和实践能力，以及教学能力，从而推动项目教学的顺利实施。

（二）注重任务驱动教学

任务驱动教学是一种以任务作为驱动力，注重实践的新型教学方法。任务驱动教学与传统教学相比，要求教师以任务作为中心，围绕行业和企业实际生产中的问题组织教学，让学生在完成任务的过程中学习新知识、掌握新技能。高校"双师型"教师在进行任务驱动教学中，需要围绕任务进行主动探索和研究，对具体任务执行中遇到的问题进行分析和解决，在这一过程中能够提升"双师型"教师的实践操作能力，达到全面提升"双师型"教师综合教学能力的目的。

（三）与同行进行交流

高校"双师型"教师教学能力的培养和发展过程中，与同行进行信息交流不可或缺。对于高校"双师型"教师来说，与同行进行交流，相互学习的成效远远大于高校"双师型"教师独自埋头苦学，因此，高校"双师型"教师在提高教学能力时，应当主动寻求与同行的交流与合作，通过分享信息而寻求共同进步。

（四）注重反思

高校"双师型"教师教学能力的培养和发展过程中，还应当勤于反思。高校"双师型"教师教学能力的培养和发展是一项长期的过程，具有持续性和动态性的特点，高校"双师型"教师只有在教学过程中不断进行自我反思，与高校"双师型"教师应当具备的理论知识体系、个人能力发展、实践知识等相对照，从中发现问题与差距，才能根据自身情况，拟定修订计划，通过课后反思、任务后反思、项目后反思等不断反思自身教学能力中存在的不足，才能实现教学能力的不断进步。

第三节　高校"双师型"教师教学
能力评价改革思路探索

高校"双师型"教师教学能力的培养与发展离不开"双师型"教师教学能力评价体系的构建。本书主要对高校"双师型"教师教学能力评价改革思路进行探索。

一、高校"双师型"教师教学能力评价面临的挑战

近年来，伴随着我国现代职业教育的快速发展，我国高校"双师型"教师培养机制不断完善，高职院校越来越注重"双师型"教师教学能力评价。然而从高职院校现行"双师型"教师教学能力评价不能全面评价"双师型"教师的教学能力。换言之，高校"双师型"教师教学能力评价面临着一定的挑战。

（一）未建立独立的"双师型"教师教学能力评价标准

高校"双师型"教师与普通高校教师相比，存在双职称、双证书、双能力等标签，从综合能力来看，高校"双师型"教师的综合能力更强。然而，现阶段大多数高职院校所制定的"双师型"教师教学能力评价标准仍然与普

通高校教师的教学能力评价标准相同，这在一定程度上无法凸显高校"双师型"教师的发展情况。因此，制定高校"双师型"教师教学能力评价标准迫在眉睫。

（二）评价标准相对单一

现阶段，我国一些高职院校虽然出台了"双师型"教师认定标准，然而针对高校"双师型"教师教学能力的评价标准却较为单一。从评价内容来看，评价内容多以科研和社会服务为主，针对高校"双师型"教师教学能力的评价标准则相对单一，无法充分体现高校"双师型"教师教学能力的丰富性和复杂性，其评价结果较难对高校"双师型"教师教学能力的发展进行有效指导。

（三）评价缺乏必要分层

高职院校教师根据教学能力的发展大体可以划分为新入职的青年教师、成长型教师、骨干型教师、专业带头型教师四种类型。这四种类型教师的教学能力存在一定的差距，相应地对这四种教师教学能力的评价与考核也应当体现出较强的差异性。然而，大部分高职院校对高校"双师型"教师的评价采取了同一标准。这在一定程度上无法体现不同类型"双师型"教师的教学能力（见表6-4）。

表6-4　高职院校教师分类一览

教师分类	特点
新入职的青年教师	基本知识、基本技能和基本能力应能满足教学要求，能实施正确的教学行为和完成正常的教学过程，能根据教学具体情况做出适当的教学行为、技术和方法改进，且具有一定的专业技能，能够服务社会，然而其职业技术教学水平仍处于准备适应阶段，进行职业教学模式开展的能力具有一定的局限性
成长型教师	具有一定的教学实践经验，具有课堂教学的整体意识，能及时发现问题，并采取一定的措施予以控制，已具备较为稳定的教学风格，具有较强的开展职业技术应用与专业社会实践服务的能力
骨干型教师	具有多年教育教学经验，具有较强的教学迁移能力，能够拓展专业实际应用，其教学能力和教育科研能力能够协调发展，能够适应多变的教育环境，且已经具备企业技术专家的资格，专业技术应用能力和职业教学技术能力较强，此外还能够结合行业需求，有针对性地开展相应的技术应用和社会服务

教师分类	特点
专业带头型教师	具有浓厚的教学背景知识、行业知识和专业应用知识，能够创造性地在多种教育环境下开展教学活动，且具有独特的教学范式，已经具备较为丰富的行业、企业实践经验，成为行业专业，对行业技术的发展具有较强的推动作用，在教学之外还能够将最新行业技术和教学研究成果应用于社会行业企业，为社会或行业企业服务

（四）评价方式较为传统

除了以上几个方面之外，大多数高职院校实行的"双师型"教师教学能力评价的方式，以听课评分、学生评分等方式为主。这些评价方式较为传统，所针对的内容大多为高校"双师型"教师在具体教学活动中的表现，无法对影响"双师型"教师教学能力发展的深层次因素进行评价。

此外，一些高校"双师型"教师教学能力的评价未涉及企业主体，不能如实反映高校"双师型"教师的实践教学能力和工学结合能力。

综上所述，现阶段，我国高校"双师型"教师的教学能力评价中存在一定的挑战，亟需进行高校"双师型"教师评价改革。

二、构建高校"双师型"教师教学能力评价体系

2019 年 8 月，教育部等四部门印发《深化新时代职业教育"双师型"教师队伍建设改革实施方案》中提出建立"双师型"教师评价考核体系，发挥评价结果的导向作用和激励作用，此举为"双师型"教师评价指明了发展方向，提出了新的要求。高校"双师型"教师教学能力评价能够激发"双师型"教师教学能力自我发展的内在驱动力，是高校"双师型"教师评价考核体系的重要组成部分。构建完善的、具有发展性和强适应性的高校"双师型"教师教学能力评价体系能够对高校"双师型"教师教学能力的发展起到积极的推动作用。

（一）高校"双师型"教师教学能力评价体系应遵循的原则

高校"双师型"教师教学能力评价体系的构建其目的是促进高校"双师型"教师教学能力的发展，促使"双师型"教师发现其教学能力的不足，激

发其内在的驱动力。从这一视角来看，高校"双师型"教师教学能力评价体系应当遵循以下原则。

1. 发展与激励共存的原则

高校"双师型"教师教学能力评价以提升高职教育教学质量作为根本，在制定评价体系时应当强调评价项目和评价引导方向的发展性。"双师型"教师在高职教育教学中起着极其重要的教学主体作用，其教学思想和教学方法能够对学生的学习和发展产生无可估量的影响。因此，高校"双师型"教师教学能力评价应当以注重"双师型"教师教学能力的发展为主，不应当局限于某一节课，或某一类型的课程，而应当注重教师教学能力的多场景的适应性。此外，高校"双师型"教师教学能力评价标准也不能仅针对学生某一学期的学习结果，而应从学生职业的长远发展角度对"双师型"教师的教学质量进行评价。

2019 年，教育部等四部门印发的《深化新时代职业教育"双师型"教师队伍建设改革实施方案》中指出："在国家级教学成果奖、教学名师等评选表彰中，向"双师型"教师倾斜"。这一政策为高校"双师型"教师教学能力评价中激励原则的实施提供了依据。

高校"双师型"教师教学能力评价旨在肯定"双师型"教师教学能力的同时，帮助和引导"双师型"教师及时发现自身教学能力中存在的不足，并且有针对性地进行改正。因此，高校"双师型"教师教学能力评价应当注重激励原则。

例如我国深圳、浙江等多所职业技术院校自 21 世纪以来，启动了校级金牌教师、校级教学名师评选工作，赋予在教师教学评价以激励性特点，对兢兢业业工作，在教学和专业实践方面不断攀登的"双师型"教师给以特殊荣誉。这一活动极大地激发了相关学校教师的积极性。

2. 教学活动与教研活动、社会服务兼顾的原则

高校"双师型"教师不仅要具备较强的教学能力，在开展教学活动的同时，还要进行教研活动、社会服务活动等。因此，高校"双师型"教师教学能力评价体系的建立，不应只注重教学活动，而应当兼顾教学活动、教研活动与社会服务活动，有效提升高校"双师型"教师的综合能力。

3. 基础指标、核心指标与发展指标相结合的原则

高校"双师型"教师的教学能力是一项综合能力,涉及教师的综合素质与能力。根据高校"双师型"教师的不同发展阶段,可以划分为多个类型,不同类型的"双师型"教师的教学能力不尽相同。对此,高校"双师型"教师教学能力评价体系应当注重将基础指标、核心指标和发展指标相结合,注重"双师型"教师教学评价的发展性,同时对不同类型的"双师型"教师教学能力的发展进行指导。

(二)完善高校"双师型"教师教学能力评价标准

高校"双师型"教师教学能力评价体系的构建,应当在遵循一定原则的基础上依托具体的评价标准。本书在对国内高职院校现行的"双师型"教师教学能力评价体系进行研究的基础上,结合我国现代职业教育的发展,以及有关政策文件中对高校"双师型"教师教学能力评价的要求,拟定高校"双师型"教师教学能力评价标准(见表6-5)。

表6-5 高校"双师型"教师教学能力评价标准一览表

一级指标	二级指标	三级指标
课程开发能力	行业企业岗位调研能力	计划并组织进行行业(企业)调研能力
		撰写专业建设调研报告与专业建设方案的能力
		调研行业职业能力标准并结合学生的实际情况进行调整后使用的能力
	课程体系建设能力	根据工作任务和职业能力分析表,确定课程设置方案的能力
		设计和制定具体教学计划的能力
		根据专业课程体系撰写专业人才培养方案
		明确专业课程建设与人才培养之间的逻辑关系
	项目课程开发的能力	根据行业职业能力标准,明确项目课程开发的标准
		确定项目课程多维目标的能力
		对项目课程内容进行组织设计的能力
课程设计能力	课程整体设计能力	对课程整体的教学目标、教学活动、教学资源、教学环境等进行设计的能力

续表

一级指标	二级指标	三级指标
课程设计能力	课程单元设计能力	对课程单元的教学目标、教学活动、教学资源、教学环境等进行设计的能力
课程实施能力	课程实施通用能力	进行课程教学的具体能力
	课程实施专业能力	具备专业基础知识、具备学习和传播专业新技术知识的能力
	信息化资源建设能力	具备信息意识与态度、教学应具备的信息知识与技能、信息应用与创新、信息社会责任等能力
	课程教学活动组织能力	进行教学设计、教学实施的具体能力
行业能力	行业沟通与合作的能力	构建校企合作的能力、参与高职院校组织的为区域内行业企业提供社会服务的能力
	行业实践能力	具备在课程教学中组织开展行业实践的能力、组织和领导学生进行校内课程外行业实践的能力，以及组织学生到企业进行实践的能力
	行业服务能力	参与行业培训服务的能力、参与行业生产活动，并为行业生产提供技术和技能支持的能力
课程评价能力	课程自我评价能力	对课程进行自我评价的能力、对学生的学习进行评价的能力
	课程互评能力	对其他教师教学进行评价的能力
研究发展能力	进行职业道德教育的能力	为学生进行职业道德示范的能力、培养学生职业道德的能力
	进行教学研究的能力	将科研成果应用于企业生产实践研究的能力、开展职业教育教学研究的能力、将最新科研成果应用于专业建设和教学的能力
	进行专业发展的能力	提高专业知识和实践的能力、制订个人职业成长规划的能力、参加继续教育活动的能力、组织和参加教研活动的能力

三、完善高校"双师型"教师教学能力评价的保障体系

为了保障高校"双师型"教师教学能力评价标准的落实，我国教育部有

关部门和高职院校还应进一步完善高校"双师型"教师教学能力评价的保障体系。

（一）加强顶层设计，健全评价保障

"双师型"教师教学能力评价是一项复杂、系统的工程，涉及多种影响因素，为了确保"双师型"教师教学能力评价改革的落实，我国教育有关部门应当为教师评价健全保障措施。

我国教育有关部门应当建立健全完整的"双师型"教师队伍资格认证体系和教育评价体系，为高校"双师型"教师教学能力的评价做好顶层设计和统筹规划，确保"双师型"教师立体评价的有效实施与常态化运行。具体来说，我国教育部门应当职业教育发展及"双师型"教师个人发展的双重视角制定"双师型"教师教学能力评价的整体规划和调整指标体系，在坚持正确的价值导向的基础上，引导各高职院校进一步建立健全"双师型"教师教学能力评价体系。

需要强调的是，在健全高校"双师型"教师教学能力的评价保障时，应当重视"双师型"教师的专业成长，在评价指标的顶层设计中，应当提升"双师型"教师教学业绩和专业实践能力在整个教师教学能力评价中的比重，不断引导"双师型"教师进行自我判断和反思，激发"双师型"教师以评价内容作为行为准则和发展动力，不断成长。

此外，建立健全高校"双师型"教师教学能力评价的顶层设计，还应当对"双师型"教师教学能力评价的过程与程序进行规范，建立完善的评价监督体系，不断健全高校"双师型"教师立体评价，并将教师立体评价与教师管理、聘任、晋升等相对接，使得评价结果得到合理的运用，为师资队伍建设注入活力。

（二）深化校企合作，融通行业标准

高校"双师型"教师教学能力评价标准的建立，不仅要注重"双师型"教师的专业教学和专业建设能力，还应当注重"双师型"教师的行业企业实践能力教学能力。

2019 年，我国教育部出台的《深化新时代职业教育"双师型"队伍建设改革实施方案》，其中指出，"建设 100 家校企合作的'双师型'教师培养培训基地和 100 个国家级企业实践基地"。这一目标的提出从一个侧面指明了企业实践在"双师型"教师培养中的重要地位。

由于职业教育的特殊性，企业在职业教育中的地位极其重要，不仅是职业教育人才的流入渠道，还是职业人才培养的育人主体之一，并且在高校"双师型"教师教学能力的培养中发挥着不可或缺的关键作用。行业企业的发展需求直接关系着高职院校教师和学生的未来发展方向，此外，行业企业还在高校"双师型"教师教学中能够将行业企业发展过程中的新知识和新方法等教授给学生起着极其重要的作用。

我国教育有关部门或高职院校深化校企合作，融通行业标准有利于明确"双师型"教师的专业实践标准和实践教学能力标准，有利于突出"双师型"教师在组织行业企业实践中的作用。同时也有利于高校和行业企业的相互支持、相互依赖、共同发展。在高校"双师型"教师教学能力评价中还应当具有引导"双师型"教师积极开展校企深度合作，维护双方共同利益诉求的导向。

（三）强化评价意识，形成内生动力

"双师型"教师的发展既要从从外部驱动与监督，也要从教师自身出发，认识到形成自主发展的内生动力是促进"双师型"教师可持续发展的关键。教师内生性动力指的是"教师在教学过程中产生的提升自我、追求高质量教育教学目标的主动愿望，对于教师教学素养的提升、教育改革取得成功等具有重要意义"。激发"双师型"教师的自我发展内驱力，是"双师型"教师队伍建设的重要内容。"双师型"教师立体评价的目的在于促进"双师型"教师的教学能力的全面发展，一方面将"双师型"教师作为被评价者，对其提出要求；另一方面"双师型"教师也是评价的主体之一，可以通过评价结果进行自我反思、自我分析，有针对性地进行调整与完善，形成螺旋式上升的发展框架。"双师型"教师立体评价有效提升了"双师型"教师的专业发展意识，引导教师更新知识与技能，积极参与企业实践，改进教学方式方法。同时鼓励"双师型"教师发挥能动性，自发地认识到评价的诊断与导向作用，能根据评价内容和评价结果审视并提高自身能力素质。立体评价以"双师型"教师为中心，增强高职院校、行业企业、学生与"双师型"教师之间的互动，提升教师的自我管理能力。

第七章
高校"双师型"教师专业建设
能力培养与评价改革研究

第一节　高校"双师型"教师专业建设能力概述

职业教育承载着培养社会一线应用型人才的重要使用，职业教育的人才培养直接关系着我国社会经济发展的全局。高校"双师型"教师在职业教育的发展中起着极其重要的作用。高校"双师型"教师不仅应当具有较强的教学能力，还应当具有较高的专业建设能力。本节主要对高校"双师型"教师的专业建设能力进行概述。

一、高校"双师型"教师专业建设能力的相关概念阐释

高校"双师型"教师的专业建设能力是极其重要的能力，在了解高校"双师型"教师专业建设能力内涵之前，应当先对高校"双师型"教师专业建设能力的相关概念进行阐释。

（一）专业

专业作为一个专有名词，在我国《现代汉语词典》（商务印书馆 2012 年版）中收录，并罗列了其三重内涵。

1. 高等院校的一个院（系）里或者中等专业学校里根据科学分工或生产部门的分工把学业分成的门类；

2. 产业部门中根据产品生产的不同过程而分成的各业务部门；

3. 专门从事某种工作或职业的人。

除了《现代汉语词典》中对"专业"一词的阐释之外，许多专家和学者纷纷从不同视角对"专业"一词进行了概括。由于视角不同，国内外专家和学者对"专业"一词的内涵阐释也不尽相同。其中典型的观点包括社会学家卡尔·桑德斯提出的"专业是指一群人在从事一种需要专门技术的职业。专业是一种需要特殊智力来培养和完成的职业，其目的在于提供专门性的服务。"

社会学家利伯曼则指出，专业具有八种典型特征，分别为范围明确，垄断地从事于社会不可缺少的工作；运用高度的理智性技术；需要长期的专业教育；从事者无论个人、集体，均具有广泛的自律性；在专业的自律性范围中直接负有做出判断、采取行为的责任；非营利、以服务为动机；形成了综合性的自治组织；拥有应用方式具体化的伦理纲领。

从以上不同学者对"专业"概念的阐释可以看出，尽管这些阐释的侧重点不尽相同，然而却均具有一定的共通性。即均认为"专业"必须以专业化的理论知识和实践操作技能作为基础，专业知识和技能并非一个人天生具备的，而是通过后天的培养可以获得。专业在一个人的知识体系中具有特殊性、不可替代性，专业人员具有较强的专业水平和问题决策能力。"专业"还具有一定的发展性，能够为社会特定群体提供服务。

（二）专业化

"专业化"一词是在"专业"基础上产生的概念，"专业化"是一个社会学概念，是指一个普通的职业群体在一定时期内，逐渐符合专业标准，成为专门职业并获得相应的专业地位的过程。

所谓专业化，我国学者朴雪涛在其论文《教师工作专业化：理念与行动》中指出：一门工作是否为专业，既有外在标准，即公众对其专业性的认可程度，也有内在标准，即从业人员是否具有较高程度的专业认同感、专业自主性和持续一生的成长。外在标准是一种形式，它需要内在标准的支持。

外国学者哈蒙德认为专业的构成需要有专门知识、特殊技能、高度的使命感和责任感三个基本要素组成；专业化则是使这三个专门要素的层次提升，使教师团体具有自主性、独特性和服务性的过程。

从上述"专业化"的概念来看，专业化是一个发展过程，同时又是一种追求目标，关注从事职业活动的个体或群体的能力结构层次或样态，较为强调个体或群体能力变迁的过程，能够促进个体或群体从新手逐渐成长为专家。

（三）教师专业化

教师作为一种古老的职业，该职业在历史演进中呈现出不断专业化的过程，早在18世纪欧洲一些国家就建立起了相对完整的教师教育系统，对教师进行训练，并对教师从业人员的资格进行了界定。1810年普鲁士政府就曾规定中学教师必须通过国家考试才能从事教师职业。之后，法国建立起了中小学教师证书制度，进一步推动了教师专业化的发展。从此教师专业化开始成为西方教师教育的发展关键。

教师专业化这一概念，从提出、发展到受到世界各个国家教师教育的广泛认可，在短短数十年时间取得了丰硕成果。作为世界教师教育的主要理念，教师专业发展受到概念已成为世界各国教育界的认同，已成为世界各国教师教育的指导性教育理念。20世纪80年代，教师专业化概念传入中国，并引发了中国学者的广泛讨论。改革开放以来，中国在教师专业发展中引入了教师教育一体化等新观念，并逐渐建立和完善了教师资格认定与评估制度，在教师专业发展方面取得了一系列成果。当前，我国高校教师专业发展呈现出与世界教师专业发展相一致的趋势。

伴随着知识经济时代的到来，社会对教育质量的要求越来越高，教师专业化成为国际教师发展的一种时代趋势。

学者西克斯认为，教师专业化包括四个条件，即执业人员必备的知识与技能成功地转型为经得起验证并经系统积累的知识基础；接受专业教育的人是经地筛选的；这些知识的积累和传播是在特定的教育机构内部进行的；接受专业教育者需要经过实习并且通过证书考试才能算是合格的执业人员。

我国学者朴雪涛认为教师的基本专业素质应当包括教师专业知识的形成与发展包括普通教育课程、任教学科课程、教育学科课程、专业技能的娴熟等多个方面。

本书认为，教师专业化是指教师在严格的专业化训练之下逐渐成长为一名专业技术人员的过程，都专业化是教师个体专业不断发展的过程。高校"双师型"教师专业化，除了强调教师教育教学的专业化发展之外，还强调教师专业的理论知识和实际操作等方面的专业技能。

高校"双师型"教师的专业化与教师专业化一样，均呈现出较强的动态化特点。高校"双师型"教师必须通过严格的专业训练和不断的进取，才能逐渐成长为一名专业技术人员。从这一视角来看，高校"双师型"教师的专业化既具有教师专业化的特点，也具有"工程师"专业化的特点，是高校教师不断追求自身专业发展，而达到专业化教师标准一个发展过程。

二、高校"双师型"教师专业建设能力的内涵

21 世纪以来，伴随着我国现代职业教育的快速发展，我国教育部的多个文件中均提出了大力提升高校"双师型"教师专业能力建设的要求。高校"双师型"教师专业建设能力直接关乎高校"双师型"教师专业化发展，同时与现代职业教育的高质量建设息息相关。在这里主要对高校"双师型"教师专业建设能力的内涵进行详细阐释。

近年来，我国高校对"双师型"教师极其重视，许多高职院校均对"双师型"教师的专业能力标准提出了要求。我国有关部门目前仅出台了《中等职业学校教师专业能力标准（试行）》，其中对教师专业理念与师德、专业知识和专业能力等方面提出了一系列要求。针对高职院校"双师型"教师专业建设能力的标准尚未出台。本书结合国内外相关学者的研究，认为高校"双师型"教师专业建设能力的内涵包含以下个方面，即教师职业工作能力、教师专业发展能力。

（一）高校"双师型"教师职业工作能力

高校"双师型"教师职业工作能力，在这里指高校"双师型"教师应当具备较为系统的构建职业背景知识的能力、职业技术能力、职业实践能力和适应情境变化的能力。

1. 构建职业背景知识的能力

职业背景知识是由职业教育的特点决定的。职业教育具有明显的职业导向性特点，因此，高校"双师型"教师应当认同职业教育理念，并了解其自身所从教的专业的知识体系与基本规律，了解所从教的专业相关的行业发展现状及前景，掌握所从教专业的企业生产经营的流程，明晰相关行业企业的人才需求标准，以及国内外相关专业技术的发展情况、区域经济体该专业人才需求情况。此外，高校"双师型"教师还应当将所涉及相关专业的知识和信息进行整合，构建完善的职业背景知识的能力。唯其如此，高校"双师型"教师才能在专业教学中进行专业课程开发、明确专业课程教学的教学目标和重难点，并在对教学效果的评价中，更加强调学生专业素养的提升，使学生的专业培养对标行业企业的人才需求标准，培养出更加符合市场需求的专业人才。

2. 职业技术技能

职业技术技能这里是指高校"双师型"教师应当具备一定的企业实践经历和实践操作技能。由于高校"双师型"教师的主要任务为教学和科研，因此，教师在长期的从教过程中，会存在与企业一线生产之间距离拉大，实践操作技能弱化或落后的客观情况。针对这种情况，高校"双师型"教师应当通过各种方式加强与企业一线生产实践之间的联系，不断丰富自身的生产一线经验和专业技术技能，面向企业实际需求进行本专业的技术研发工作，确保自身的职业技术技能保持在较高水准。

3. 职业实践能力

职业教育具有理论、实践和教学一体化的特点，其中实践教学是高校"双师型"教师专业能力建设中的重要组成部分，也是高校"双师型"教师职业工作过程中的关键版块。

近年来，伴随着新技术层出不穷和快速发展，高校"双师型"教师教师职业实践技能面临着随时会被社会淘汰的内险，这就要求高校"双师型"教师必须注重提升自身的职业实践能力。只有不断通过多样化的方式介入一线生产实践和科研之中，高校"双师型"教师才能保持较高的专业水准。因此，高校"双师型"教师应当加强自身的职业实践能力发展意识，积极做好个体职业发展规划，积极参与职业实践活动。

4. 适应情境变化的能力

职业教育所培养的人才应当具备较强的解决实际生产问题的能力。相应地，高校"双师型"教师的专业实践知识与技能也应当提高解决实际生产问题的能力。企业生产实践活动具有较强的复杂多变的特点，实际生产情境千变万化。高校"双师型"教师应当将自身所具备的专业知识与企业真实生产实践中的生产情境相联系，在教学中，全方位地向学生介绍和展现不同情境下可能遇到的各种问题，提升学生实践知识的实用性，培养学生在实践中解决问题的能力。这就要求高校"双师型"教师具备适应复杂实践情境变化的能力，依托丰富的专业实践知识体系，做好个人规划，在社会变革和技术革新中始终立于不败之地。

（二）高校"双师型"教师专业发展能力

教师专业发展涉及教育教学理论知识、教学实践的具体教学情境等应用场景，还包括教师个人的理论知识、实践性知识、价值观、心理素质等。教师专业自主发展即是将这三个因素相互融合，推动教师专业发展。教师专业的自主发展具有双重含义，一方面是指教师在不受的外力干扰的情况下，能够根据教师自身和学生实际对教育活动进行科学设计和安排；另一方面，教师的选择须对社会和学生负责。

高校"双师型"教师专业发展能力在这里指"双师型"教师的专业实践、专业研究和专业创新的能力。

1. 高校"双师型"教师专业实践能力的发展

高校"双师型"教师专业实践能力是保障"双师型"教师进行专业实践课程和专业实践科学研究的基础。高校"双师型"教师专业实践能力的发展要求高校"双师型"教师应当具备对自身专业实践进行评估的能力，并且能够有计划地通过实践学习不断提高自身的专业实践能力，以及专业实践教学能力。

2. 高校"双师型"教师专业研究能力的发展

高校"双师型"教师的专业研究能力是促进高校"双师型"教师专业发

展的重要手段。高校"双师型"教师不仅承担着教书育人的职责,还承担着服务社会的重要职责,只有不断提升自身的专业研究能力,才能保障高校"双师型"教师始终走在专业研究的前列,也才能使高职教育始终切合社会的发展,满足为社会服务的目标。

3. 高校"双师型"教师专业创新能力的发展

创新能力是衡量高校"双师型"教师队伍素质和水平的重要依据,直接关乎着我国职业教育的发展。高校"双师型"教师专业创新能力是高校"双师型"教师创新能力的重要组成部分,只有不断提升高校"双师型"教师的专业创新能力,才能不断推动我国现代职业教育的健康发展。

三、高校"双师型"教师专业建设能力的特征

高校"双师型"教师专业建设的能力具有以下几个特征。

(一)浓厚的家国情怀

家国情怀是中华民族数千年来爱国主义中的重要组成部分,贯穿了中华民族数千年的发展。中国古代爱国主义思想建立在家国同构的概念下,近代人民在救亡图存的过程中探索实现国家主权独立的道路。中华人民共和国成立后,中华儿女儿全力以赴推动国家兴盛,敢为人先进行富国行动,推动国家朝着富强、文明的大国发展。新时代爱国主义精神在继承中华民族优秀文化的基础上,对传统"家国天下"的精神进行创新,应用到对"中国梦""家族梦""个人梦"的阐释之中,将中国梦与爱国主义思想联系起来。

虽然家国情怀具有较强的时代性特点,一代人有一代人的社会追求,然而家国情怀的核心要素不随伴随着时代的发展而变化。家国情怀对高职院校的教师有着深厚的感召力和强烈的驱动力。家国情怀能够铸就高校"双师型"教师的民族利益、家国情怀与世界眼光,能够有务诠释"双师型"教师的职业理想、职业担当,以及工匠精神,推动"双师型"教师为了国家富强和民族复兴而不断提升专业素养,培养人才。

(二)鲜明的时代印记

高校"双师型"教师的专业能力具有鲜明的时代印记,这是由我国现代

职业教育的特征所决定的。高校"双师型"教师是伴随着我国现代职业教育的发展而逐渐发展起来的，他们既是我国现代职业教育的见证者，也是推动现代职业教育发展的重要参与者。由于高校"双师型"教师肩负着为社会需求培养人才，推动社会经济腾飞的重要职责，因此，高校"双师型"教师的专业能力必须与时代保持同步，受国家职业教育政策、科技发展、地域经济需求的影响，高校"双师型"教师的专业能力也应进行相应的调整，从而伴随着时代的发展，打上了深刻而鲜明的时代烙印。

此外，高校"双师型"教师作为现代职业教育的主要参与者和推动者，在实际教学和生产活动中，又承担着社会新职业和新产业的领路人的角色，必须伴随着时代的发展、科技的进步而不断学习新理论、掌握新技术和熟悉新产业、学习新技能，持续提升自身的专业能力。从这一视角来看，高校"双师型"教师的专业能力建设也具有鲜明的时代印记。

（三）显著的产业特色

科学技术是第一生产力，科学技术的发展催生着新产业的出现，而新产业则培育着新的职业，新职业则对人才提出了新的技能要求。以数字技术的的发展为例。

20 世纪 90 年代以来，伴随着数字技术的快速发展，推动社会进入数字经济时代，而数字经济时代与其他经济时代相比，具有虚拟性、共享性、开放性、即时性、指数性、可复制性、无限性、爆炸性、多样性、分散性、精准性、公平性、可达性、互通性、渗透性、跨越性、均衡性等特征。数字经济的发展催生着传统产业朝着数字化转型，在这一过程中，受数字技术和数字经济特点的影响，产生了大量新职业。例如人工智能工程技术人员、物联网工程技术人员、大数据工程技术人员、云计算工程技术人员、数字化管理师、电子竞技运营师、电子竞技员、智能制造工程技术人员、工业互联网工程技术人员、虚拟现实工程技术人员，等等。这些新职业均对人才的技能提出了新的要求。

高校"双师型"教师既具备较高的专业知识素养，又具有较强的实践技能，与普通高校教师相比，是将匠人精神、技艺理念、独门绝学等多种能力的集大成者，在教书育人、为社会培养人才的同时，还具有服务社会，推动产业创新、发展和不断壮大的能力。高校"双师型"教师的专业能力与社会相关产业的创新和发展，以及职业的壮大存在相辅相成的关系，既能够承载新的技能，推动新产业的出现和新职业的发展，也能够在服务社会的过程中推动原有产业升级，促进相关职业技能的升级迭代。从这一视角来看，高校"双师型"教师的专业能力具有显著的产业特色。

（四）独特的工匠精神

高校"双师型"教师所培养的人才是为社会行业企业服务的，其专业能力具有实践性的特点，是培养未来大国工匠的主要从教人员。由于高校"双师型"教师的工作性质，高校"双师型"教师的专业能力与工匠精神在内涵上具有一脉相承性。

工匠精神是一种职业精神，它是职业道德、职业能力、职业品质的体现，是从业者的一种职业价值取向和行为表现。"工匠精神"的基本内涵包括敬业、精益、专注、创新等方面的内容（见表7-1）。

表 7-1　工匠精神内涵一览表

内涵	阐释
敬业	敬业是从业者基于对职业的敬畏和热爱而产生的一种全身心投入的认认真真、尽职尽责的职业精神状态
精益	精益就是精益求精，是从业者对每件产品、每道工序都凝神聚力、精益求精、追求极致的职业品质
专注	专注就是内心笃定而着眼于细节的耐心、执着、坚持的精神，这是一切"大国工匠"所必须具备的精神特质
创新	"工匠精神"还包括着追求突破、追求革新的创新内蕴

从表7-1中可以看出，工匠精神的内涵包含敬业、精益、专注和创新等内容。高校"双师型"教师的专业能力也具有这些特质。高校"双师型"教师无论从事教学活动、科研活动或为社会服务，均需要充满热忱，做到爱岗敬业、精益求精。除此之外，还应保持较强的专注性，才能在专业建设上取得良好的成就。高校"双师型"教师专业能力建设中还应具有创新精神，只有不断进行创新才能与行业企业的新发展保持一致。

综上所述，高校"双师型"教师的专业能力建设至关重要，只有不断提升高校"双师型"教师的专业建设能力才能保障高校"双师型"教师综合素质的不断发展。

第二节　高校"双师型"教师专业建设能力培养的路径

高校"双师型"教师专业建设能力在高校"双师型"教师的整体素养中占有极其重要的地位。本节主要对高校"双师型"教师专业建设能力培养的路径进行研究。

一、建立健全高校"双师型"教师专业标准体系

2019 年，我国教育部等部门出台的《深化新时代职业教育"双师型"教师队伍建设改革实施方案》中指出："教师标准是对教师素养的基本要求。没有标准就没有质量。适应以智能制造技术为核心的产业转型升级需要，促进教育链、人才链与产业链、创新链有效衔接。""研制高等职业学校、应用型本科高校的教师专业标准。通过健全标准体系，规范教师培养培训、资格准入、招聘聘用、职称评聘、考核评价、薪酬分配等环节，推动教师聘用管理过程科学化"。

高校"双师型"教师专业标准体系的完善能够明确高校"双师型"教师个体在专业发展中应当达到的目标，同时也便于高校等各部门对"双师型"教师的认证，便于高校"双师型"教师的招聘和管理等各个环节。建立健全高校"双师型"教师专业标准体系，需要我国教育部有关部门、高职院校、行业企业等多个群体的共同参与。

二、建立健全高校"双师型"教师专业能力建设的制度保障

高校"双师型"教师专业能力建设不仅需要高校和企事业单位的共同参与，还需要政府为"双师型"教师教师专业能力的建设提供必要的制度保障。近年来，伴随着我国现代职业教育的发展，以及高等教育改革的持续推进，

为了保障高校"双师型"教师队伍建设，我国教育部等有关部门相继出台了大量关于高校"双师型"教师队伍建设和发展的政策，为高校"双师型"教师专业能力的建设提供了必要的制度保障。

2019年《深化新时代职业教育"双师型"教师队伍建设改革实施方案》、2021年教育部、财政部发布的《关于实施职业院校教师素质提高计划（2021—2025年）的通知》、2022年教育部办公厅发布的《关于开展职业教育教师队伍能力提升行动的通知》等文件中均对加强高校"双师型"教师培训提出了明确要求（见表7-2）。

表7-2 2019年以来我国发布的部分高校"双师型"教师队伍建设文件

年份	政策	相关内容
2019年	《深化新时代职业教育"双师型"教师队伍建设改革实施方案》	1. 全面落实教师5年一周期的全员轮训制度，对接1+X证书制度试点和职业教育教学改革需求，探索适应职业技能培训要求的教师分级培训模式，培育一批具备职业技能等级证书培训能力的教师 2. 健全完善职业教育师资培养培训体系，推进"双师型"教师培养培训基地在教师培养培训、团队建设、科研教研、资源开发等方面提供支撑和服务 3. 支持高水平学校和大中型企业共建"双师型"培训者队伍，认定300个"双师型"教师培养培训示范单位
2021年	《关于实施职业院校教师素质提高计划（2021—2025年）的通知》	支持高水平学校和大中型企业共建"双师型"教师培养培训基地、企业实践基地，充分发挥引领作用，辐射区域内学校和企业，提升校企合作育人水平。认定一批"双师型"教师培养培训示范基地。鼓励校企共建教师发展中心，在教师和员工培训、课程教材开发、实践教学、学术成果转化等方面开展深度合作
2022年	《关于开展职业教育教师队伍能力提升行动的通知》	1. 推进全国职业院校教师教学创新团队建设。加强询导调研，过程管理，年底对首批团队进行验收，系统梳理建设成果。通过国家示范引领，推动各地各校因地制宜展开省级、校级创新团队整体规划和建设布局，形成团队建设网状体系，带动"双师型"教师队伍整体建设。根据新冠肺炎疫情形势，适时恢复创新团队骨干教师分批次、成建制出国研修访学 2. 实施职业院校名师（名匠）名校长培育计划。启动全国职业院校名校长（书记）为期3年的培养培育。启动建设一批国家级"双师型"名师（名匠）工作室和技艺技能传承创新平台，由院校教学名师或具有绝招绝技的技能大师（专兼职）组建。通过定期团队研修、项目研究、行动学习等方式，进行为期3年的分阶段研修。建立国家杰出职业教育专家库及其联系机制

从上述政策文件中所涉及"双师型"教师培训可以看出，我国教育部等有关部门高度重视高校"双师型"教师专业能力建设，其中指出的高校与企事业单位合作共建"双师型"教师培养培训基地、创新"双师型"教师培养方式，建设国家级"双师型"教师名师（名匠）工作室和技艺技能传承创新平台等奠定了政策基础。

伴随着这些政策的出台，我国各省市自治区加强了对"双师型"教师培养培训示范单位，以及"双师型"教师名师（名匠）工作室和技艺技能传承创新平台的支持力度。

例如 2022 年 8 月，江苏省教育厅公布了首批江苏省职业教育"双师型"名师工作室和技艺技能传承创新平台建设单位名单，确定首批江苏省职业教育"双师型"名师工作室立项建设单位 100 个（高职 50 个、中职 50 个），培育建设单位 13 个（高职）；首批江苏省职业教育技艺技能传承创新平台立项建设单位 50 个（高职 30 个、中职 20 个），培育建设单位 18 个（高职）。

2022 年，我国教育部发布了《2022 年"职教国培"示范项目承担单位名单》设置培训团队研修、教师培训、校长（书记）培训 3 大类 8 个项目 24 个子项目，其中包括专业课培训者团队研修和专业领军教师高级研修项目，这两个项目均是从教师的专业能力建设出发，评选的示范项目，为我国高校"双师型"教师专业能力建设树立了良好的示范作用。

三、引导企事业单位积极参与到高校"双师型"教师专业能力建设中来

实践性是高校"双师型"教师的专业能力特色之一，高校"双师型"教师专业能力建设离不开企事业单位的积极参与。引导企事业单位积极参与到高校"双师型"教师专业能力建设中来，具体可从以下几个方面着手。

（一）打造高校"双师型"教师培养培训基地

高校"双师型"教师队伍的建设需要国家、高校及社会企事业单位的共

同合作，打造高校"双师型"教师教师培养培训基地，不仅能够为高校"双师型"教师专业能力建设提供必要的实践性平台，而且还能够推动高校"双师型"教师更好地开展科研实践活动，为高校"双师型"教师提供服务社会的平台，有利于高校和企事业单位的双赢。

近年来，许多高校纷纷与企事业单位合作，共同构建"双师型"教师培养培训基地。

例如 2020 年 8 月，金华某职业学院与金华市第二医院签订"双师型"教师培养培训基地合作协议，双方就今后开展国培、省培、校培等师资专业实践技能类项目，教师顶岗实践和社会实践，教科研课题，继续医学教育等方面展开全方位的合作达成共识。

又如深圳某高职院校通过对接当地科技、产业创新发展需求，与当地的龙头企业、领军企业、科研机构等联合创办了十多个特色产业学院，为区域经济市场培育"大国工匠"。同时，该高职院校依托共建特色产业学院，探索多元化办学体制，整合优质社会资源，共建瞄准世界产业发展前沿和与重点产业相匹配的专业，校企共同建设高水平专业、共同开发课程标准、共同打造教学创新团队、共同设立研发中心、共同开发高端认证证书、共同"走出去"，最终实现提升"双师型"教师专业能力和培养高素质技术技能人才的目标（见表 7-3）。

表 7-3　深圳某高职院校与企业联合的特色产业学院

产业学院	共建单位
华为信息与网络技术学院	深圳某高职院校电子与通信工程学院与华为技术有限公司合作建立
深职院天健建工学院	深圳某高职院校建筑与环境工程学院与天健集团合作建立
百科荣创·arm·智能硬件学院	深圳某高职院校电信学院与百科荣创（北京）科技发展有限公司合作建立
深职院裕同图文传播学院	深圳某高职院校传播工程学院与深圳市裕同包装科技股份有限公司合作建立
深职院金融科技学院	深圳某高职院校经济学院与平安科技（深圳）有限公司、平安银行股份有限公司合作建立

产业学院	共建单位
阿里巴巴数字贸易学院	深圳某高职院校商务外语学院与阿里巴巴（中国）网络技术有限公司合作建立
比亚迪应用技术学院	深圳某高职院校汽车与交通学院与比亚迪股份有限公司合作建立
美团数字生活学院	深圳某高职院校管理学院与北京三快在线科技有限公司合作建立
深职院大族激光学院	深圳某高职院校机电工程学院与大族激光科技产业集团股份有限公司合作建立
招商局海丝学院	深圳某高职院校管理学院与招商局港口控股有限公司合作建立
水贝珠宝首饰设计学院	深圳某高职院校艺术设计学院与深圳市水贝珠宝控股有限公司合作建立

2021 年该职业学院制订了《X 学院"双师型"教师培养培训基地建设方案（2021—2023）》计划，该计划中指出在已成立的特色学院内设立"双师型"教师培养培训基地。此外，到 2023 年，依托特色产业学院共建 15 个"双师型"教师培养培训基地，其中与 500 强企业或行业龙头企业、领军企业共建 10 个；依托专业（群）在区域内有行业代表性的规模以上企业建立 50 个"双师型"教师企业实践基地，设立 100 个兼职教师流动岗，建立 500 人规模的兼职教师资源库；实施骨干教师培育计划，建立一支 400 人规模的一线骨干教师梯队，跟踪培养 500 名青年教师，落实专任教师每年累计不少于 1 个月的企业实践制度，完成 5 年一周期全员轮训的培训目标；形成深圳职业技术学院"双师型"教师培养培训基地建设范式。

（二）分层次培养高校"双师型"教师专业能力，打造"双师型"教师专业化发展体系

高校"双师型"教师专业能力的培养还应在"双师型"教师培养培训基地建设的基础上，依托企事业单位对高校"双师型"教师进行分层次培养，唯其如此，才能不断推动高校"双师型"教师专业能力的发展，打造"双师

型"教师专业化发展体系。

1. 加强新入职教师的专业实践能力培养

2019年，教育部四部门关于印发《深化新时代职业教育"双师型"教师队伍建设改革实施方案》的通知指出，"聚焦专业教师双师素质构成，强化新教师入职教育，结合新教师实际情况，探索建立新教师为期1年的教育见习与为期3年的企业实践制度，严格见习期考核与选留环节。"

现阶段，伴随着我国现代职业教育的发展，我国职业教育领域的师资队伍学历水平不断提高。许多高职院校新入职的教师学历均已达到硕士研究生、博士学位。然而，尽管新入职教师的学历水平较高，专业理论知识较为充足，但是却缺乏足够的企事业单位实践经验。

针对新入职教师的这一特点，高校在进行"双师型"教师专业能力培养中，应当充分依据"双师型"教师培养培训基地，加强对新入职教师的专业实践能力培养。

以深圳某职业学院为例。

深圳某职业学院十分重视新入职教师的专业实践能力培养。针对新入职的、没有企业工作经历的教师，在入职时开展专门的"一新一师一企"计划。为新入职的教师安排专门的"师傅"，以老带新的方式，帮助新入职的教师提升专业实践能力；同时要求新入职的教师必须先到特定的企业进行具体实践后，积累了一定的实践经验，才能正式成为该校教师。这一规定为新任教师的专业化建设奠定了良好的基础。

2. 加强普通"双师型"教师的专业实践学习

普通"双师型"教师虽然具备了一定的专业理论和专业实践能力，能够在教学中对学生的专业发展给予良好的指导。然而，在新技术层出不穷，行业和企业发展日新月异的今天，普通"双师型"教师如果不及时进行专业实践学习，其所掌握的专业知识将很快被淘汰，其专业能力也面临着落伍于时代的风险。因此，高校应当充分利用"双师型"教师培养培训基地，定期组织普通"双师型"教师到基地进行专门的学习和实践，以加强普通"双师型"

教师的专业实践学习，为高校普通"双师型"教师的专业能力建设提供平台支持。

仍以深圳某职业学院为例。该学院要求专业教师定期到行业龙头企业进行考察和学习，此外，还要求公共基础课教师也应定期到企业进行考察、调研和学习。

3. 提升骨干教师的专业技术研发能力

高校"双师型"教师中的骨干教师在推动一所高校"双师型"教师队伍建设，以及高校"双师型"教师专业能力的整体发展中起着极其重要的作用。高校"双师型"骨干教师已经具备了丰富的实践经验，掌握着行业领域的最新研究动向，同时又具备深厚的专业理论素养，在提升"双师型"骨干教师的专业能力方面，高校可依据"双师型"教师培养培训基地重点培养骨干教师的专业技术研发能力。

例如高校可以通过鼓励和支持"双师型"骨干教师到世界 500 强企业或行业龙头企业、领军企业兼职任职，参与企业产品研发和技术创新。

以深圳某职业学院为例。该学院在《X 学院"双师型"教师培养培训基地建设方案（2021—2023）》计划中指出，依托教师培养培训基地和企业实践基地实施骨干教师培育计划，各二级学院按专任教师数的 30%遴选骨干教师并实施专项培养、培育。

4. 引进兼职教师，全面提升高校"双师型"教师队伍的专业能力

兼职教师，这里指的是高职院校自企事业单位聘请的具有较强专业实践能力的行业专家。聘请企事业单位专家作为兼职教师到高校参与实践教学活动，有利于充实高校的"双师型"教师队伍，同时有利于对新入职教师或实践经验不丰富的教师进行专业实践知识培训，从而达到提升高校"双师型"教师队伍专业能力的目的。

值得注意的是，兼职教师虽然具有较为丰富的实践经验，然而却缺乏必要的教育理论知识和教育能力。对此，高校有关部门还应在引入兼职教师的同时，加强对兼职教师的教育教学能力培训，以达到良好的教学效果。

以深圳某职业学院为例。该职业学院在校内建立了兼职教师流动站，要求各个二级学院在引入兼职教师的同时，做好对兼职教师的岗前培训工作，为兼职教师来校任教、开展学术讨论与业务交流提供规范性指导。

综上所述，通过不断完善新入职教师、普通"双师型"教师、"双师型"骨干教师、"双师型"兼职教师等不同类别、不同层次"双师型"教师的专业能力培养，构建完善的高校"双师型"教师专业能力建设体系，达到全面提升高校"双师型"教师专业能力的目的。

第三节　高校"双师型"教师专业建设能力评价改革思路探索

高校"双师型"教师专业能力建设，离不开对高校"双师型"教师专业建设能力的评价改革，本节主要对此进行详细分析。

一、构建高校"双师型"教师专业能力评价体系

高职院校所培养的人才是高素质技术技能型人才，然而高素质技术技能型人才的培养是一项综合工程，只有建立起高校"双师型"教师专业能力评价体系才能为高校"双师型"教师专业能力的评价和提升提供依据。

近年来，我国许多职业学院纷纷着手构建具有独特的职业学院特色的"双师型"教师专业评价体系。

例如 J 职业学院从教师的个性发展和业绩贡献度等维度出发，设置了教学为主型、教学科研并重型、科研为主型、社会服务与推广型四类教师评价标准。其中对于社会服务推广型的教师，下企业社会实践、担任访问工程师、挂职锻炼时期产生的工作业绩，权重占比可高达 45%。学校还出台了"4+X"教师能力考评新机制，将双师评价认定纳入常规化、周期性评价项目，并增设不定期的单项性、发展性考核，更加全面地评判教师专业发展情况。

又如 S 职业技术学院，近年来，不断探索"双师型"教师专业建设能力

评价改革思路，形成了多层次多类别评价体系。其中针对博士学位，在学历和知识上无可挑剔，但大多缺少企业一线的实践经验的"双师型"教师，要求其必须去企业进行实践来考取相关认证，完成向双师型教师的转变。以与华为的合作为例，教师获取的企业认证包括各个技术方向的 HCIA（华为认证 ICT 工程师）、HCIP（华为认证 ICT 高级工程师）、HCIE（华为认证 ICT 专家）及华为认证讲师。在完成认证的过程中，一方面，教师可以更新自己的知识储备、了解产业最前沿的技术动态。另一方面，教师可以更新迭代自己的授课内容和课堂设计，使校内的教学更符合行业和市场变化趋势，达到精准培养人才的目标，能够有效规避职业技术人才与市场需求脱轨的情况出现。

从以上两个案例中可以看出，高校"双师型"教师专业能力评价体系的构建应当从完善多元化的"双师型"教师评价主体，设置多层次多类别的"双师型"教师评价目标，以及综合运用多种类型的"双师型"教师专业能力评价方法着手，汇集政府、高职院校、企事业单位、科研机构、学生等主体，共同构建"双师型"教师专业能力评价体系。

二、完善高校"双师型"教师专业能力评价标准体系

现阶段，我国一些学者在构建高校"双师型"教师专业能力评价标准体系时，通常将教学能力、科研能力、社会服务能力、国际化合作能力等包含在内。本书在其他章节对其他能力的评价标准进行了设定，在此，仅从"双师型"教师专业能力的视角出发，完善高校"双师型"教师专业能力评价标准体系（见表 7-4）。

表 7-4　高校"双师型"教师专业能力评价标准体系一览表

一级指标	二级指标	分值
职业工作能力	构建职业背景知识的能力	15
	职业技术技能	15
	职业实践能力	15
	适应情境变化的能力	15

续表

一级指标	二级指标	分值
专业发展能力	专业实践能力的发展	15
	专业研究能力的发展	10
	专业创新能力的发展	15

综上所述，改革和完善高校"双师型"教师专业能力评价体系有利于激发"双师型"教师的主观能动性，引导"双师型"教师深刻认识自身的专业发展情况，激励"双师型"教师自我挑战、自我革新、自我发展。高校"双师型"教师专业能力评价体系的构建在推动高校"双师型"教师队伍建设和评价改革中具有重要作用。

第八章
高校"双师型"教师社会服务
能力培养与评价改革研究

第一节 高校"双师型"教师社会服务能力概述

社会服务能力是"双师型"教师服务地方和行业企业的重要能力，本节主要对高校"双师型"教师社会服务能力进行概述。

一、高校社会服务能力

高校，本书特指高职院校，作为高等教育的重要组成部分，具有社会服务的重要职能。高校的社会服务能力具广义和狭义之分。

从狭义方面来看，高校利用自身的学术资源，培养社会需要的人才，而人才走上社会后，转化为社会生产力，这一过程体现了高校的社会间接服务。除此之外，高校还可以充分利用自身的人才资源、知识资源、设备资源、技术开发、规划设计等方面的能力，为社会提供科学技术研究、支持企业生产技术和工艺革新、为政府或企事业单位提供咨询服务、为社会提供文化传承服务等活动，以推动行业领域的发展或社会进步。高校为社会提供的这些服务体现出高校社会服务能力的广义概念。

综上所述，本书认为高校的社会服务能力，即是高校利用自身资源为社会提供服务的活动。

二、高校"双师型"教师社会服务的表现

高校"双师型"教师社会服务能力，顾名思义即高校"双师型"教师进

行社会服务的能力。高校"双师型"教师作为高校教育教学的主体,承担着具体的教学任务,是高校人才培养的主体。除此之外,高校"双师型"教师还承担着一定的科研任务,能够通过科学研究为社会服务。

这里所指的高校"双师型"教师社会服务能力则是指高校"双师型"教师在完成学校教育教学和科研工作的基础上,为学校之外的社会团体提供科技成果推广、企业技术研发、生产实践指导、培训服务等方面的能力。

关于高校"双师型"教师的社会服务可以从我国近年来发布的政策文件中体现出来。

早在2006年,我国教育部和财政部发布的《关于实施国家示范性高等职业院校建设计划加快高等职业教育改革与发展的意见》中即提出(高职院校)应当注重社会服务,面向特定的区域范围开展社会培训活动,为行业企业提供科技服务。

2010年,教育和财政部发布《关于进一步推进"国家示范性高等职业院校建设计划"实施工作的通知》中再次强调,高职院校应加强社会服务能力建设,面向行业企业积极开展科学研究、成果转化等技术服务,面向区域社会广泛开展新技术与高技能培训,与企业密切合作开展技术研发和技术创新,为行业企业和区域提供高质量的继续教育、为中职和技校毕业生在职接受高等教育服务。

2019年,教育部办公厅等七部门联合发布了《关于教育支持社会服务产业发展提高紧缺人才培养培训质量的意见》,其中指出,"支持职业院校发挥资源优势,重点为困难企业转岗职工、去产能分流职工和贫困劳动力等就业重点人群从事社会服务产业提供职业培训,承担'雨露计划''巾帼家政服务培训''家政培训提升行动'等培训任务。鼓励职业院校联合行业企业共同开展市场化社会培训。"

2019年《国家职业教育改革实施方案》中的总体要求与目标中指出,高职院校应当积极服务我国现代化经济体系,不断满足学生更高质量更充分就业需要,以市场为导向,完善职业教育和培训体系;以促进就业和适应产业发展需求为导向。

从以上政策来看,高职院校的社会服务主要体现在以下几个方面。

（一）技术服务

高校"双师型"教师的技术服务主要指高校"双师型"教师为企业提供产品开发、技术开发、技术指导服务。

高校"双师型"教师为"双能"，甚至"三能"教师，既具有较强的专业理论知识，又具有较为丰富的专业实践经验；既了解专业理论前沿发展趋势，又掌握着行业企业的最新发展趋势；既能进行专业理论教学研究，又能进行学生专业实践指导研究，还能进行企业技术研发服务。

高校"双师型"教师的技术服务能力在一定程度上反映了校企的深度合作。高校"双师型"教师的技术服务能力在为社会提供各种服务的同时，还能够不断提升"双师型"教师的专业能力。

（二）培训服务

高校"双师型"教师的培训服务能力是指"双师型"教师面向行业、企业开展各种社会培训，其中包括行业培训、岗前培训、职后培训、转岗培训等。

高校"双师型"教师掌握着大量专业领域的理论知识，了解专业的最新前沿科技发展趋势，并且具有一定的行业企业生产实践经验，能够将理论与实践结合起来，因此，高校"双师型"教师具备为社会行业企业提供专业培训的能力。在进行培训服务的同时，高校"双师型"教师还可以更加深入地了解行业企业生产岗位的具体要求，从而达到不断提升"双师型"教师行业企业实践能力的作用。

（三）文化服务

高校"双师型"教师是一种特殊的职业教育文化，属于职业教育的亚文化形态。作为一种独特的群体文化，高校"双师型"教师是掌握着专业技术技能的教育者，起着传播某种特定的职业文化、技术文化的作用，是职业文化和技术文化的象征者和传播者，同时，"双师型"教师具有较强的综合素养，是社会技术技能精神文化的代言人，是社会知识分子中的一员。高校"双师型"教师承担着将职业教育与民族文化产业、民族工艺设计、民族价值观进行联结,并推动国家职业教育在民族价值观、民族文化产业及民族工艺设计方面发展的职责。

综上所述,高校"双师型"教师的社会服务具体表现在技术服务、培训服务和文化服务三个方面,是体现高校"双师型"教师的社会服务价值所在。

三、高校"双师型"教师社会服务能力的内涵

从上文可知,高校"双师型"教师的社会服务集中于技术服务、培训服务和文化服务三个方面,这三个方面的社会服务要求高校"双师型"教师具有相应的社会服务能力。高校"双师型"教师所进行的社会服务是一项极其复杂的工作,涉及"双师型"教师的多项细分能力。本书将其归纳为职业技术能力、行业通用能力和个人核心能力(见表8-1)。

表8-1　高校"双师型"教师社会服务能力内涵一览表

社会服务能力构成	细分能力
职业技术能力	专业的理论知识
	专业实践操作技能
行业通用能力	服务社会的责任意识
	学习能力
	判断能力
	与本专业相关的职业能力
	预测行业发展变革趋向的前瞻能力
个人核心能力	语言表达能力
	团结协作能力
	处理信息能力
	推理演算能力
	解决问题能力
	自我提高能力
	创新创业能力
	应用外语能力

高校"双师型"教师的社会服务能力要求其具有一定的职业技术能力，而职业技术能力由专业的理论知识和专业的实践操作技能构成。行业通用能力，也是高校"双师型"教师社会服务能力的重要构成能力，要求"双师型"教师具备较强的服务社会的责任意识，较强的学习能力、判断能力，以及与本专业相关的职业能力、预测行业发展变革趋向的前瞻能力，等等。只有具备了行业通用能力，"双师型"教师才能更好地利用专业知识和技能为社会各界提供及时、良好的社会服务。

高校"双师型"教师的社会服务能力还包括个人核心能力，具体包括"双师型"教师的语言表达能力、团结协作能力、处理信息的能力、推理演算的能力、解决问题的能力、自我提高的能力、创新创业的能力、应用外语的能力，等等。高校"双师型"教师进行社会服务时，需要与校内外多种不同群体合作。因此，高校"双师型"教师只有具备较为全面的综合素养和个人核心能力，才能更好地进行社会服务。

四、高校"双师型"教师社会服务能力的特点

纵观高校"双师型"教师社会服务能力的内涵，可以发现高校"双师型"教师的社会服务能力具有实践性、社会性、整体性、实时性、双向性以及差异性等特点。

（一）高校"双师型"教师社会服务能力的实践性特点

高校"双师型"教师社会服务能力的实践性特点是由职业教育的性质所决定的，职业教育与其他高等教育相比，更加强调技术的应用性和实践性。高校"双师型"教师在进行社会服务时，始终围绕社会行业企业的实践需要，与企业生产实践环节紧密相关，通过将行业前沿的新知识、新技能、新设备和新工艺融入服务活动，助力企业的生产发展、更新迭代，推动行业的整体发展。

相反，如果高校"双师型"教师的实践经验相对较弱，不能掌握行业企业的最新理论发展和技术革新方向，则不能对社会行业企业的发展进行指导，

直接影响高校"双师型"教师社会服务能力的发展。

（二）高校"双师型"教师社会服务能力的社会性特点

高校"双师型"教师的社会服务能力并非脱离社会而获得，也并非单纯在高校环境中获得，而是需要融入社会，在长期的社会实践中获得，由此可见，高校"双师型"教师的社会服务能力并不是与生俱来的，也并非在高校中培养的，而是后天社会化过程的结果。从高校"双师型"教师社会服务能力的获得过程可以看出，高校"双师型"教师的社会服务能力具有社会性的特点。此外，高校"双师型"教师社会服务能力的提高，也离不开"双师型"教师积极融入社会，参与各种行业企业实践活动，加强与企业、技术专家、职业岗位等认体的社会交往活动。

（三）高校"双师型"教师社会服务能力的整体性特点

高校"双师型"教师的社会服务能力并不是一种单一的能力，而是体现在多个层面，涉及高校"双师型"教师的多种综合能力。其中包括高校"双师型"教师的价值层面、知识层面、技术层面、社交层面，等等。从这一视角来看，高校"双师型"教师的社会服务是一种综合能力，具有整体性的特点。如果高校"双师型"教师某一方面的能力缺乏，则会对高校"双师型"教师的社会服务能力产生影响。

（四）高校"双师型"教师社会服务能力的实时性特点

高校"双师型"教师所进行的社会服务活动通常需要符合科技的最新发展，以及行业企业的最新生产实践活动。相应地，高校"双师型"教师的社会服务能力也应当具有实时性的特点。高校"双师型"教师只有根据社会需求，不断调整其社会服务方式、服务手段和服务内容，才能紧跟时代步伐，满足社会需求。

（五）高校"双师型"教师社会服务能力的差异性特点

高校"双师型"教师所从事的社会服务受具体技术革新、行业发展、企业生产实践，以及区域地方经济发展的影响，而呈现出较强的差异性特点。

高校"双师型"教师的社会服务能力受技术发展、区域经济发展的影响较大。从这一视角来看,高校"双师型"教师的社会服务能力具有较强的差异性特点。

五、高校"双师型"教师社会服务能力的影响因素

高校"双师型"教师社会服务能力的培养和发展受政府政策、高校措施、行业企业需求以及"双师型"教师个人意识等多种因素的影响。

(一)政府政策对高校"双师型"教师社会服务能力的影响

政府所制定的激励、监督等政策对高校"双师型"教师社会服务能力的培养和发展起着极其重要的作用。近年来,伴随着我国一系列有关职业院校提升社会服务政策的出台,以及教育部或地方政府出台的鼓励高校与企业合作政策的发布,为我国高校"双师型"教师重视社会服务能力的培养与发展创造了良好的环境,能够激励高校"双师型"教师积极提升社会服务能力,开展社会服务活动。

除了受政府激励政策的影响之外,政府出台的有关高校"双师型"教师认定标准中对社会服务能力的要求,以及完善的政府监督机制的建立,均对促进高校"双师型"教师社会服务能力的提高起着重要作用。

(二)高校措施对"双师型"教师社会服务能力的影响

高校制定的各种措施及要求,能够对"双师型"教师社会服务能力的培养与发展产生直接影响。

例如高校制定的"双师型"教师认证标准、或优秀"双师型"教师认定中包含着社会服务的项目,则会极大地提升"双师型"教师发展社会服务能力的积极性,从而达到推动"双师型"教师社会服务能力发展的目的。

除此之外,高校与企业的深度合作,能够为"双师型"教师提升社会服务能力搭建必要的平台,将有力地推动高校"双师型"教师社会服务能力的不断提升。

（三）行业企业需求对高校"双师型"教师社会服务能力的影响

行业企业的需求对高校"双师型"教师社会服务能力的提升起着极其关键的影响。行业企业的发展既离不开具体的社会实践，也离不开对社会新技术的应用。高校"双师型"教师具有将行业前沿技术或理论应用与企业生产实践相结合，对企业生产进行指导的能力。然而，如果行业企业没有相应的需求，高校"双师型"教师也没有用武之地。只行业企业和高校不断探索合作的新方式，为"双师型"教师提供多样化的平台，才能充分发挥高校"双师型"教师的社会服务能力，也才能在具体实践中不断提升"双师型"教师的社会服务能力。

（四）高校"双师型"教师个人意识对其社会服务能力的影响

高校"双师型"教师的个人意识对其社会服务能力的提升起着至关重要的影响。高校"双师型"教师的个人意识直接决定着"双师型"教师对发展社会服务能力的认识。

高校"双师型"教师往往承担着较为繁重的教学任务和科研任务。因此，一些高校"双师型"教师将主要精力放在高校内部教学和科研方面，较少关注社会服务。这就导致一些高校"双师型"教师更倾向于将时间和精力投入到教学活动、科学研究、学术研究方面，而在社会服务上投入的时间和精力相对较少。由于"双师型"教师的社会服务能力具有较强的实践性和社会性特点，如果"双师型"教师较少进行社会实践活动，那么其社会服务能力将无法提升。

反之，如果高校"双师型"教师较为重视社会服务能力的培养和发展，积极主动参与企业实践上活动，深度参与校企合作，将有利于其社会服务能力的提升。

综上所述，高校"双师型"教师社会服务能力的发展受多种因素的影响，只有从多个方面着手构建高校"双师型"教师社会服务能力提升体系才能推动高校"双师型"教师社会服务的不断发展。

第二节　高校"双师型"教师社会
服务能力的培养路径

高校"双师型"教师的社会服务能力的培养和发展，既有利于提升我国高职人才培养质量，也有利于提升校企双方的关系，在促进行业企业生产实践活动发展的同时，也能够促进高职院校的可持续发展。本节主要对高校"双师型"教师社会服务能力培养和发展的具体路径进行研究。

一、完善高校"双师型"教师社会服务制度

政府有关部门应当尽一步完善高校"双师型"教师社会服务制度，为高校"双师型"教师社会服务能力的提升奠定良好的制度基础。具体来说，包括我国产学研相关政策，以及高职院校社会服务相关政策、"双师型"教师社会服务等政策。

（一）完善产学研融合方面的政策

产学研融合作为近年来我国"科教兴国"的主要措施，是高校"双师型"教师建设的重要政策背景，在推动高校"双师型"教师社会服务能力的培养方面起着重要作用。

近年来，我国国务院、发改委、科技部等相关部门出台了大量促进产学研融合发展的政策，其中包括 2019 年中共中央、国务院发布的《中国教育现代化 2035》；2019 年我国发改委发布的《关于政协十三届全国委员会第二次会议第 3753 号（经济发展类 238 号）提案答复的函》；2019 年工信部发布的关于《加快构建工业互联网人才体系的提案》的答复；2020 年教育部发布的《教育部产学合作协同育人项目管理办法》；2021 年国家知识产权局和教育部联合发布的《产学研合作协议知识产权相关条款制定指引（试行）》；2021 年全国人民代表大会发布的《中华人民共和国国民经济和社会发展第十四个五年规划和 2035 年远景目标纲要》，等等。这些文件中均涉及产学研融合，大多政策对产学研融合发展起政策支持作用；个别文件则对产学研融合发展起

着引导性作用。

在此基础上我国有关部门还应当进一步完善产学研融合政策，切实解除高职院校和企事业单位合作进行产学研融合的后顾之忧，为培养和提升高校"双师型"教师的社会服务能力奠定制度基础。

（二）完善"双师型"教师

自 21 世纪以来，伴随着我国现代职业教育的不断发展，我国教育部等有关部门出台有关高职院校建设的制度均不断强调高职院校社会服务工作。除此之外，我国有关部门还应当尽一步完善高校"双师型"教师社会服务制度。例如 2016 年，教育部等七部门发布了关于印发《职业学校教师企业实践规定》的通知，这一文件中指出，职业学校专业教师必须深入企业或生产服务一线实践，要求每 5 年累计不少于 6 个月。

此外，在制定高校"双师型"教师认证标准时，将高校"双师型"教师的社会服务时长、成果等纳入其中，以便达到激励高校"双师型"教师不断提升社会服务能力的目的。

再如在制定高职院校财政拨款的标准时，将高职院校的社会服务水平作为制定财政拨款的重要因素，以调动高职院校开展社会服务的积极性，从而间接促进高校"双师型"教师社会服务能力的提升。

二、构建高校"双师型"教师社会服务机制

高职院校作为高校"双师型"教师培养的直接主体，在培养高校"双师型"教师社会服务能力方面起着至关重要的作用。只有构建良好的高校"双师型"教师社会服务机制，才能不断推动社会"双师型"教师社会服务能力的提升。构建高校"双师型"教师社会服务机制可从以下几个方面着手。

（一）合作机制

高校"双师型"教师社会服务能力的提升，需要高职院校与社会各界通力合作，构建良好的合作机制，共同为高校"双师型"教师社会服务能力的提升搭建良好的平台。

1. 校企合作共建特色学院或特色专业

校企合作构建特色学院或特色专业，能够在一定程度上提升高职院校的的核心竞争力和社会影响力，从而达到吸引优质生源的目的。特色学院和特色的构建要求高职院校与特定的行业企业进行合作。其中合作的企事业单位应为行业内的龙头企业或在行业内部具有一定的影响力，且具有较强的科技能力和技术更新能力，能够为高职院校提供精准行业人才市场需求报告，以及行业人才培养和研究报告，并且能够为高职院校的人才培养提供配套的教学资源。唯其如此，校企业合作共建的特色院校和特色专业才具有较强的吸引力，也才能真正促进高校"双师型"教师社会服务能力的培养和提升。

2. 优化校企合作制度

高职院校的人才培养、科学研究与社会服务之间存在较强的密切关系，牵一发而动全身。高职院校的人才培养的本质属于一种特殊的社会服务，能够为社会输出高质量的服务。高职院校的优秀科研成果是社会服务所需的技术支撑。因此，高职院校应当不断优化校企合作制度，才能引导高校"双师型"教师正确认识人才培养、科学研究和社会服务之间的关系，引导和鼓励高校"双师型"教师在进行技术研发时，注重技术研发与企业的对接，注重技术研发成果的应用，不断提升高校"双师型"教师社会服务能力的提升。

（二）激励机制

高校"双师型"教师的教学任务和科研任务相对较为沉重，占用了"双师型"教师的大量时间和精力。为了提升高校"双师型"教师的社会服务能力，高校应当进一步建立和健全"双师型"教师进行社会服务的激励机制。具体可从以下几个方面着手。

1. 构建"双师型"教师社会服务支持制度

高校应当为"双师型"教师开展社会服务提供时间、信息、经费和实验设施等方面的支持，激励"双师型"教师在完成校内授课和科研任务之余积极参与社会服务，不断提升社会服务能力。

2. 构建学术成果转化激励制度

高校还可以通过出台相关的政策文件,将高校"双师型"教师开展社会服务的业绩作为"双师型"教师晋升、评优、评奖的重要条件。例如某职业学院将社会服务纳入该校职称评聘工作方案之中,其中规定了技术被企业应用达到一定数额或 3 年内项目交易达到一定数额的人才,或为地方政府编撰相关报告、参与制定行业标准或地方标准等行为可以作为教授评审条件。

此外,还可通过有关政策对积极开展社会服务的"双师型"教师给予一定的经济激励,以充分激发"双师型"教师开展社会服务,不断提升社会服务能力的积极性。

三、健全高校"双师型"教师服务平台

为了提升高校"双师型"教师的社会服务成效,切实提升高校"双师型"教师的社会服务能力,高校应当进一步健全"双师型"教师社会服务平台,通过完善的平台搭建,为高校"双师型"教师提供进行社会服务的多样化机遇。

(一)健全高校"双师型"教师综合服务平台

高校"双师型"教师社会服务能力的提升离不开高校的人力、物力和财力支持。高校可以充分利用其资源,为"双师型"教师构建集政策、生产、学术、科研、实践为一体的综合服务平台,为"双师型"教师创造深入相关行业企业进行实践、研究的机遇。

健全高校"双师型"教师综合服务平台,能够为"双师型"教师提供进行社会服务所必需的信息。同时,高校"双师型"教师综合服务平台还能够合理协调"双师型"教师进行企业实践和社会服务的时间、场所,以及方式和方法,为"双师型"教师开展社会服务活动提供必要的政策支持和其他必不可少的支持。

(二)健全高校"双师型"教师科创平台

高校"双师型"教师具有较强的专业优势,个体"双师型"教师的研究

方向通常具有一定的局限性。而高校内部汇集了大量各个专业领域的"双师型"教师，或同一专业不同细分领域的"双师型"教师，这些均为高职院校珍贵的智力资源。高校可充分利用其智力资源构建基础科研平台。具体来说，则是以高校内部的科研人才、实验设备和科研项目作为依托，构建多专业融合的创新研发平台，通过多专业领域"双师型"教师的通力合作，汇聚高校的优势智力资源，共同培育创新成果，为"双师型"教师创造与其他优秀的业内人才合作和学习的机会，从而在提升高校整体社会服务能力的基础上，达到提升个体"双师型"教师社会服务能力的目的。

除了基础科研平台之外，高校还可以借助自身的智力资源、设备资源、信息资源等与区域内的科研院所、行业龙头企业、特色企业等共同打造区域范围内的创新平台，通过研发新产品、开展技术攻关、为企业提供咨询建议等途径，为高校"双师型"教师构建社会服务平台，在输出科研成果的同时，提升"双师型"教师的社会服务能力。

近年来许多职业学院纷纷与区域内的研究院或企业合作搭建了多个不同层级的科研平台。例如深圳某职业学院构建的智能科学与工程研究院、智能制造技术研究院、霍夫曼先进材料研究院、海洋生物医药研究院、粤港澳大湾区人工智能应用技术研究院等。这些科研平台均为该校"双师型"教师提供了服务社会的机遇，在客观上有利于"双师型"教师提升社会服务能力。

（三）健全高校"双师型"教师技术服务平台

高校通过健全"双师型"教师技术服务平台，为高校"双师型"教师深度参与校企产学研合作提供技术信息和技术平台。例如搭建科技创新团队、技术孵化中心、重点技术实验室、科研机构技术服务平台等，在将科研成果产业化或促进企业技术升级迭代的同时，不断提升高校"双师型"教师的社会服务能力。

例如，深圳某职业学院成立了科研处（产学研用促进处）技术转移办公室，对内整合校内优势资源，对外则搭建产学研用合作交流平台，通过汇聚政府、学校、行业、企业各方资源，构建产学研结合长效机制。自成立后，该办公室通过出台相应的产学研用协同创新政策，构建产学研用信息平台等极大地推动了该校教师参与产学研用协同创新的热情，在客观上推动了该校教师社会服务能力的发展。

（四）健全高校"双师型"教师信息服务平台

受职业教育的性质影响，高校"双师型"教师只有充分加强与业内人士的交流与合作，明确企业技术需求信息才能及时掌握行业一手资料，了解行业发展趋势，更好地开展社会服务。高校健全"双师型"教师信息服务平台，通过及时发布区域、全国乃至世界范围内高职院校技能名师、科研信息及授权专利成果、大型实验设备类型，以及企业技术需求信息等，才能推进"双师型"教师与业内人士的交流与合作，才能为高校"双师型"教师社会服务能力的提升奠定基础。

（五）健全高校"双师型"教师培训教育平台

培训服务是高职院校进行社会服务的类型之一，也是高校"双师型"教师进行社会服务的主要方式之一。高校应当通过各种方式健全"双师型"教师培训服务平台，充分利用高校的智力资源优势，对接行业企业的需求，围绕企业的需求方向，搭建行业企业技能人才培训和继续教育平台，扩大函授、远程本科、在职硕士研生学历（学位）教育的规模；或者与企业合作，为特定企业打造在岗人员技术教育等，让"双师型"教师在培训活动中不断提升自身的社会服务能力。

四、改革和完善高校"双师型"教师社会服务能力评价体系

除了以上途径之外，推动高校"双师型"教师社会服务能力的培养和发展，还应当通过改革高校"双师型"教师社会服务能力评价体系来实现。健全的高校"双师型"教师社会服务评价体系能够引导"双师型"教师进行学习，激励"双师型"教师提升社会服务能力的自主性，从而达到推动"双师型"教师社会服务能力发展的目的。现阶段，我国高校尚未建立起完善的"双师型"教师社会服务能力评价体系，因此，我国教育部或有关部门及高校职

能部门应当对高校"双师型"教师社会服务能力评价进行改革，进一步完善高校"双师型"教师社会服务能力评价体系。

第三节　高校"双师型"教师社会服务能力评价改革思路探索

高校"双师型"教师社会服务能力评价是高校"双师型"教师队伍评价改革的重要组成部分，本节主要对高校"双师型"教师社会服务能力评价改革的思路进行探索。

一、高校"双师型"教师社会服务能力评价的构成要素

高校"双师型"教师的社会服务能力评价涉及评价主体、评价客体、评价目标和评价指标等因素。

（一）高校"双师型"教师社会服务能力的评价主体

评价主体要解决"双师型"教师社会服务能力由谁来评价的问题，不同的评价主体通常会导致不同的评价客体，对评价内容和评价指标产生直接的影响。

高校"双师型"教师的社会服务能力涉及高职院校、企事业单位等社会组织机构，因此，"双师型"教师社会服务能力的评价主体也应当由高职院校和校外社会组织机构共同构成，以便对高校"双师型"教师的社会服务能力进行较为完善的评价。

（二）高校"双师型"教师社会服务能力的评价客体

高校"双师型"教师社会服务能力的评价客体即为校内所有"双师型"教师。

（三）高校"双师型"教师社会服务能力的评价目标

高校"双师型"教师社会服务能力的评价目标，应当具有较强的科学性

和公平性，具有较强的激励性，能够科学、合理地反映出高校"双师型"教师的社会服务能力，同时还应当具有较强的引导性和激励性。

（四）高校"双师型"教师社会服务能力的评价指标

高校"双师型"教师社会服务能力的评价指标是构建高校"双师型"教师社会服务能力评价体系的重要构成要素及核心所在，应当能够反映出评价目标，达到评价目的。

二、高校"双师型"教师社会服务能力评价的指标体系

构建完善的高校"双师型"教师社会服务能力评价的指标体系，是构建高校"双师型"教师社会服务能力评价体系的重要部分。

高校"双师型"教师社会服务能力评价的指标体系能够反映出高校"双师型"教师的社会服务能力，因此，本书认为高校"双师型"教师的社会能力评价指标体系应当包含以下几个方面（见表8-2）。

表8-2　高校"双师型"教师社会服务能力评价体系一览表

项目	细分项目	具体指标	分值说明	得分
社会科研能力	科研成果	年经济效益	占比4% 具体计算方式为经济效益额度（每1万元计1分）	
		科研创新的先进程度（具体可划分为国际领先、国际先进、国内领先、国内先进、其他评定等类型，分值根据科研创新的先进程度给予，分别为10分、8分、7分、5分、3分）	占比4% 具体计算方式为对应科研创新的先进程度直接打分	
		"双师型"教师个人在科研创新中的具体作用（具体可划分为科研项目主持人、科研小组带头人、项目成员等类型，分值根据教师个人在科研创新中的具体作用给予，分别为10分、9分、8分）	占比2% 具体计算方式为年经济效益分值×权重＋先进程度分值×权重＋个人作用分值×权重的总和	
	工艺设备技术改造	所创造的年经济效益	占比6% 具体计算方式为经济效益（每1万元计1分）	

续表

项目	细分项目	具体指标	分值说明	得分
社会科研能力	工艺设备技术改造	工艺设备技术改造的先进程度（具体可划分为国际领先、国际先进、国内领先、国内先进、其他评定等类型，分值根据工艺设备技术改造的先进程度给予，分别为10分、8分、7分、5分、3分）	占比7% 具体计算方式为对应工艺设备技术改造的先进程度直接打分	
		"双师型"教师个人在工艺设备技术改造中的具体作用（具体可划分为技术改造项目主持人、技术改造小组带头人、项目成员等类型，分值根据"双师型"教师个人在技术改造项目中的具体作用给予）	占比2% 具体计算方式为年经济效益分值×权重＋先进程度分值×权重＋个人作用分值×权重的总和	
	专利发明及转让	专利级别（具体可划分为发明专利、实用新型专利、外观设计专利等类型，分值根据不同的专利级别给予，分别为10分、4分、1分）	占比3% 具体计算方式为对应专利发明的级别直接打分	
		专利转让（具体分值根据专利转让所带来的年经济效益、专利级别以及"双师型"教师在专利转让中的具体作用给予）	占比2% 具体分值的计算方式为年经济效益分值×权重＋专利级别分值×权重＋个人作用分值×权重的总和	
合计		—		
社会咨询服务能力	技术咨询	项目等级（具体可根据项目的性质、规模、技术咨询难度划分为大型项目、中型项目、小型项目等，分别计分5分、3分、1分）	占比6% 具体分值的计算方式为对应项目等级直接打分	
		项目效果（具体可划分为优秀、良好、较好、一般四个等级，分别赋分5分、4分、3分、2分由项目咨询单位对咨询效果进行打分）	占比9% 具体分值为项目等级×权重＋项目效果分值×权重的总和	
	项目评审	项目评审等级（具体可划分为国家级、省级、地市级、县级，根据等级分别赋分5分、4分、3分、2分）	占比6% 具体分值的计算方式为对应不同的项目评审等级直接打分	

项目	细分项目	具体指标	分值说明	得分
社会咨询服务能力	项目评审	"双师型"教师在项目评审中的具体作用（具体可划分为项目组长、项目副组长、项目成员三个级别，根据不同作用分别赋分 6 分、4 分、2 分）	占比 4% 具体分值计算方式为项目评审分值×权重+所起的作用分值×权重的总和	
	成果鉴定	鉴定级别（具体可划分为国家级、省部级、市厅级三种类型，根据不同类型对应赋分 10 分、8 分、5 分）	占比 10% 具体计算方式为对应不同的项目鉴定级别直接打分	
		"双师型"教师在鉴定项目中的具体作用（具体可划分为项目组长、项目副组长、项目成员三个级别，根据不同作用分别赋分 5 分、3 分、1 分）	占比 5% 具体计算方式为成果级别分值×权重+"双师型"教师个人在项目中所起的作用×权重的总和	
合计		—		
社会培训能力	社会培训	培训规模 （具体可通过参加培训的人数和学时对培训规模进行评判，人数以 20 人为一个阶梯，学时为 8 节/天，每天 20 人培训可计 1 分）	占比 6% 具体计算方式为根据具体的参加人数的培训天数进行赋分	
		培训效果 （由培训学员对"双师型"教师个体的培训效果进行打分，可划分为优秀、良好、一般、及格四个等级，对应的分值分别为 10 分、9 分、8 分、7 分）	占比 9% 具体计算方式为培训规模分值×权重+培训效果分值×权重的总和	
	职业技能鉴定	鉴定规模 （具体可根据人数×学时来判断职业技能鉴定的规模，以 250 人作为一个阶梯，1 天八节课作为 1 个学时，250 人×1 天的学时即可赋分 1 分）	占比 7% 具体计算方式为参加人数和学时数换算为具体分值	
		"双师型"教师在鉴定项目中的具体作用（具体可划分为项目组长、项目副组长、项目成员三个级别，根据不同作用分别赋分 5 分、3 分、1 分）	占比 8% 具体计算方式为鉴定规模分值×权重+所起的作用分值×权重的总和	
合计		—		
总得分		—		

　　表 8-2 中对高校"双师型"教师社会服务能力从各方面进行了评价，评价主体不仅包含高校，还包括社会服务项目对应的企事业单位或学员的评价。此外，上述"双师型"教师社会服务能力评价表格中，对不同的项目规模，以及"双师型"教师在具体项目中所起的作用给予了不同赋分，有利于激励和引导"双师型"教师不断提升自身的社会服务能力，积极在不同的社会服务项目中发挥价值。

第九章
高校"双师型"教师的国际化能力培养与评价改革研究

第一节　高校"双师型"教师国际化能力培养概述

近年来，伴随着世界经济一体化和全球区域经济发展的趋势，加之近年来，高等教育国际化的发展、数字经济的发展势头十分强劲，国际贸易等相关领域不断融合等历史背景，对我国高校"双师型"教师国际化能力的培养提供了新的历史要求。本节主要对高校"双师型"教师国际化能力的培养进行概述。

一、高校"双师型"教师国际化能力的概念及内涵

国际化能力一词，最早由 Michael Schechter 于 1993 年提出，之后国内外不同学者分别从不同视角对"国际化能力"一词进行了表述。本书认为，国际化能力是指面向世界，拥有一定的国际化意识和国际化知识，能够熟练地应用外语进行跨文化科研、跨文化交流和跨文化创新的能力。

（一）高校"双师型"教师国际化能力的概念

近年来，伴随着全球职业教育的发展，在世界经济一体化和全球区域经济不断发展的趋势背景下，高校"双师型"教师的国际化能力在"双师型"教师的能力范畴中起着越来越重要的影响，成为高校"双师型"教师能力体系中的重要构成因素。

现阶段，国内外学术界，对高校"双师型"教师的国际化能力还没有统

一的概念。本书认为，高校"双师型"教师的国际化能力是指，高校"双师型"教师具有国际化意识，能够以显性或隐性的方式将跨文化、全球性和国际化思维能力融入教学、研究及社会服务中。

（二）高校"双师型"教师国际化能力的内涵

高校"双师型"教师国际化能力的内涵可根据我国有关政策的要求归纳出来。2020 年，我国教育部等九部门发布了关于印发《职业教育提质培优行动计划（2020—2023 年）》的通知。该通知中指出，实施职业教育服务国际产能合作行动，要求加快培养国际产能合作急需人才，提升职业教育国际影响力，具体包括国际优质资源引进与本土化、开发国际通用的职教标准、培养服务国际产能合作的国际化技术技能人才、促进中外人文交流、服务"走出去"中资企业、开展国际职业教育服务和培育有国际影响力的专业群带头人等。

本书将高职院校"双师型"教师的国际化能力内涵概括为四个维度的能力，即国际化思维能力、国际化教学能力、国际化专业能力、国际化交流能力（见表 9-1）。

表 9-1　高校"双师型"教师国际化能力内涵一览表

能力维度	细分	
国际化思维能力 要求高校"双师型"教师具有较强的国际合作与国际竞争意识，能够树立国际化发展的目标，站在全球化视角认知职业教育的本质，树立强大的世界发展观，能够将高职院校、企业及"双师型"教师个体的发展置于国际参照体系中，与国际一流标准进行对比和检验，运用国际化的眼光进行观察、思考，从而更好地提升教师个体能力，进而促进高职教育的改革与发展	国际化信念	对高职院校的国际化发展保持积极和正面的看法，对国际化具有高度认同感
	国际化意识	对国际化的重要性有充分的认识，并能够理解国际化对国家和自身带来的机遇与挑战
	国际化态度	对不同国籍/语言背景的人的价值观念、文化传统保持理解与尊重，并能够以开放的态度融入其中
国际化教学能力 要求高校"双师型"教师在具体教学实践中，掌握和运用国际先进的教学理念和教学方法，运用教学思维对相关专业的发展趋势及教学新方法进行探索、完善，不断创新"双师型"教师的教学手段和教学内容，此外，"双师型"教师还	国际化教学理念	高校"双师型"教师在教学中应当具有国际化教学理念，注重以人为本，尊重学生的教学主体性
	国际化学科知识	高校"双师型"教师应当具备一定的国际化学科知识，除本专业知识之外，了解一定的国际化人文历史知识、政治经济知识、教育知识等

能力维度	细分	
应当进一步引进、融合、开发及应用国际化教育教学资源，并能够具备较强的外语水平，不断提高外语应用水平和信息化教学水平	国际化教育学知识	高校"双师型"教师应当掌握国际化教育学知识，明确教育与人、教育与社会的发展，以及教育目的和教育制度等知识，并且在充分了解国际学生的发展特征，以及相关轩家教育制度、教学方式和课程设计的基础上开展国际化教学
	国际化课程设计和组织能力	高校"双师型"教师应当具备进行国际化课程设计，以及组织国际化教学的能力
	运用教育技术的能力	高校"双师型"教师应当具备较强的运用教育技术的能力，例如运用信息化教学技术的能力等
	国际化创新教育能力	高校"双师型"教师应当具备的创新教育的能力，在复杂和多样化的国际教学情境中，突破传统的教学模式和固有的教学思维，创造性地思考问题和解决问题
国际化专业能力 要求高校"双师型"教师能够了解、熟悉我国国内外与专业相关的新产业、新技术、新业态的发展现状及发展趋势，能够有意识地学习行业新技术，借鉴与吸收全球范围内相关领域的新技术、新工艺及新理念和新经验，结合"双师型"教师的经验，不断对自身的专业知识体系进行补充、更新和完善，从而致力于构建跨界融合创新的技能体系，进而推动专业领域的国际合作	国际化科研能力	高校"双师型"教师应当具备从事国际化的科研课题研究，参与各类国际学术会议，发表国际化科研成果并推动其应用，而且能针对国际化学术研讨中出现的问题进行探究，及时积累和总结经验教训的能力
	国际化培训能力	高校"双师型"教师应当具备进行跨文化培训的能力
	国际化咨询能力	高校"双师型"教师应当具备进行跨文化咨询的能力
	国际化社会服务能力	高校"双师型"教师应当具备进行跨文化社会服务的能力
国际化交流能力 要求高校"双师型"教师具有运用多元语言文化知识的能力，能够较为理性地理解、包容及审视中外优秀文化，并加以吸收和融合，进而与不同国别和教育文化背景的合作对象开展有效沟通，能够有参与国际产能合作项目，参与国际标准建设，并且能够提供跨国人才培养和培训	国际化价值观	高校"双师型"教师应当具备较强的国际化价值观，在进行国际化交流时，能够充分意识到不同价值观之间差异，并在尊重当地文化价值观的基础上，达到良好的交流效果
	外语技能	高校"双师型"教师应当具备熟练运用外语进行教学、科研和培训的能力
	交流与沟通	掌握与不同语言文化背景的人进行口语或书面交流的能力

二、高校"双师型"教师国际化能力建设的作用

高校"双师型"教师国际化能力的建设在推动我国高职教育发展中起着

极其重要的作用。

自 20 世纪 90 年代以来，世界经济的全球化发展推动了世界教育的国际化，可以说，教育国际化是世界经济全球化的重要表现，与此同时，教育国际化也进一步推动了世界经济全球化的进一步发展。教育国际化是教育领域的全球交流与合作，能够推动知识和人才的国际流动，提升不同国家和区域范围内的教育水平，推动全球经济一体化的发展。

近年来，随着经济全球化进程的加入和持续深化发展，以及知识经济时代的到来，我国教育部加强了对世界一流大学和一流学科的建设。

2015 年 10 月国务院印发《统筹推进世界一流大学和一流学科建设总体方案》，对新时期高等教育重点建设做出新部署。2017 年 1 月，我国教育部等部门印发了《统筹推进世界一流大学和一流学科建设实施办法（暂行）》，同年 9 月，教育部、财政部、国家发展和改革委员会联合发布《关于公布世界一流大学和一流学科建设高校及建设学科名单的通知》；2022 年 2 月 14 日，教育部、财政部、国家发展改革委公布《第二轮"双一流"建设高校及建设学科名单》。高校的"双一流"建设以突出培养一流人才、服务国家战略需求、争创世界一流的教育观念作为导向，进入"双一流"建设名单高校即体现出较强的时代精神和国际化意识。

除了普通高等学校之外，高职教育是高等教育的重要组成部分，高职教育的国际化能够推动我国高等教育的国际化水平，是我国高等教育国际化的重要版块。自 20 世纪 90 年代以来，我国有关部门出台了一系列政府，不断推动我国高职教育的国际化发展。

20 世纪 90 年代，我国国务院、原国家教委等部门出台了多部有关促进高职教育国际化的政策法规。具体包括 1992 年我国国务院出台的《关于大力发展职业技术教育的决定》，其中指出，职业院校应当加强与世界各国和各地区，以及有关国际组织的职业技术教育交流与合作。1995 年全国人大常务委员会出台的《中华人民共和国教育法》中指出，鼓励学校等组织开展教育的对外交流与合作。1998 年，我国原国家教委、劳动部等部门出台了《关于实施〈职业教育法〉加快发展职业教育的若干意见》，该政策规定应当进一步加强引进国外职业教育的优秀教材。

进入 21 世纪后,伴随着我国改革开放的持续发展,在 21 世纪第一个十年中,我国国务院出台了一系列政策,推动职业教育国际化水平的不断提高。典型政策文件包括 2002 年国务院出台的《关于大力推进职业教育改革与发展的决定》、2003 年国务院出台的《中华人民共和国中外合作办学条例》、2004年教育部出台的《中华人民共和国中外合作办学条例实施办法》、2005 年国务院出台的《关于大力发展职业教育的决定》、2010 年国务院出台的《国家中长期教育改革和发展规划纲要(2010—2020 年)》。

这一阶段的上述政策,均鼓励高等职业教育不断加强国际交流与合作,在高职教育的国际化途径方面,提出了积极引进国外优质职业教育资源、开展职业教育中外合作办学、海外办学,以及加强国(境)内外学历学位互认等途径。从总体上来看,这一时期的高职教育国际化政策与 20 世纪 90 年代相比更加具体,然而尚未形成系统性和指导性的政策网络。

进入 21 世纪的第二个十年,伴随着"一带一路"倡议的提出和落实,以及我国高等教育国际化进程的不断加快,我国教育部等有关部门出台了大量促进高职教育国际化的政策,初步建立了较为系统的高职教育国际化政策体系。这一时期我国发布的高职教育国际化政策包括,2013 年,教育部发布的《关于 2013 年深化教育领域综合改革的意见》;2014 年国务院发布的《关于加快现代职业教育的决定》;2015 年全国人大常务委员会发布的《中华人民共和国教育法(2015 年修正)》;同年,多部委职合印发的《现代职业教育体系建设规划(2014—2020 年)》;2016 年教育部发布的《关于深入推进职业教育集团化办学的意见》;同年教育部发布的《推进共建"一带一路"教育行动》;2017 年国务院办公厅发布的《关于深化产教融合的若干意见》;2019 年国务院发布的《国家职业教育改革实施方案》《中国教育现代化 2035》,同年,教育部和财政部联合发布的《关于实施中国特色高水平高职学校和专业建设计划的意见》;2020 年教育部发布的《关于整省推进提质培优建设职业教育创新发展高地的意见》,同年教育部等九部委发布的《职业教育提质培优行动计划(2020—2023 年)》等。

这一阶段的上述政策中不仅将职业教育国际化融入我国现有的职业教育办学模式之中,进一步强调职业教育国际化的地位和重要性;而且提出了一系列开展职业教育国际化的指导性意见，其中包括进一步扩大来华留学规模，办好一批中外合作办学机构，推进高职教育的国家合作交流综合改革试验区建设；同时，构建开放的职业教育体系，不断扩大引进国内外优质职业教育资源，通过开展多种形式的教育互联互通合作、人才培养培训合作；以及建设开放型职业教育体系，扩大引进优质职业教育资源的同时，大力支持职业教育集团"走出去"，加强与跨国企业及国内外院校合作、打造中国职业教育国际品牌、开展多种形式的境外办学，鼓励高职院校与企事业单位合作，培养国际产能合作的急需人才，同时开展国际科研、培训及咨询等社会服务，不断提升我国高职教育的国际化水平，推动中国职业教育走出去。

在这些政策的引导下，近年来，我国职业教育，尤其是高职教育的国际化水平不断提升，有力地推动着我国职业教育的国际影响力不断提升。

高职教育国际化建设是一项极其复杂的系统工程，其中即包括高职教育队伍的国际化建设，高校"双师型"教师是高职教育队伍中的关键构成部分，高校"双师型"教师的国际化在推动高职教育国际化建设中起着不可或缺的重要作用。

第二节　高校"双师型"教师国际化能力培养路径

高校"双师型"教师国际化能力培养直接关系着我国高职教育国际化的进程，本节主要对高校"双师型"教师国际化能力培养的具体路径进行研究。

一、加强高校"双师型"教师的中华优秀传统文化培养

高校"双师型"教师的国际化能力要求"双师型"教师具备较强的跨文化理解能力、跨文化协作能力，从而不断推进我国高等教育的国际化水平。高等教育的国际化应当扎根中华优秀传统文化，从而更好地培养教师和学生的文化自信，构建清晰的文化自觉，树立正确的文化认同，向世界展示当代中国的良好形象。

加强高校"双师型"教师的中华优秀传统文化培养，能够提升"双师型"教师对中华优秀传统文化的理解，从而不断提升高校"双师型"教师的整体素养，使"双师型"教师在进行跨文化教学、科研和社会服务的过程中，坚持社会主义价值观，立足于民族基础，将传统文化与国际文化进行有效融合。中华优秀传统文化是中华民族的精神支柱和文化血脉，是中华文化软实力的重要构成部分。

中华优秀传统文化的内涵划分为核心思想理念、中华传统美德、中华人文精神。其中中华优秀传统文化的核心思想理念包括革故鼎新、与时俱进的思想，脚踏实地、实事求是的思想，惠民利民、安民富民的思想，道法自然，天人合一的思想等；中华传统美德包括爱国主义精神，天下兴亡、匹夫有责的担当精神的以及崇德向善的精神、孝悌忠信、礼义廉耻的荣辱精神等；中华人文精神包括求同存异、和而不同的处世方法；文以载道、以文化人的教化思想；形神兼备、情景交融的美学思想；勤俭节约、中庸和泰的生活思想等。中华优秀传统文化在世界各国文化具有鲜明的特点，具体表现在以下几个方面。

（一）中华优秀传统文化的价值性与稀缺性

中华优秀传统文化源远流长，其中蕴含着极为丰富的历史价值与时代精神。中华优秀传统文化是中华民族五千年历史的积淀，其中蕴含着五千年文明的精华，其中包含着两千多年封建文明，是人类封建时期发展水平最高、贡献最大的文化，也是世界文化发展史上的巅峰。

其中包含着珍贵的制度文化、艺术文化、农业文化、手工艺文化、科技文化等。这些文化极大地丰富了世界文化，在世界历史文化中留下了浓墨重彩的一笔。

例如，中国传统的科技文化中的四大发明被世界公认为最具价值的发明。又如中国传统的书法和绘画艺术成就在世界书画史上占有独特的位置，极大地丰富了世界艺术创作。再如中国汉字是世界上最古老的文字，历经长达数千年的发展和演变，至今仍在使用，在世界文字史上占有极其重要的地位。

现阶段，在经济全球化和政治多元化的背景下，中华优秀传统文化的价值性和稀缺性日益显著，对内存在凝聚人民，树立民族自信和民族自豪感；对外则在化解国际矛盾与争端等方面起着重要作用。正是由于中华优秀传统文化的价值性和稀缺性，使得中华传统优秀文化更应该被继承、弘扬和发展、创新，成为引导当代中国人民不断发展和进步的基础。

（二）中华优秀传统文化的继承性与创造性

中华优秀传统文化是具有数千年的历史，其中的文化精髓具有较强的继承性。中华优秀传统文化的内涵十分丰富，包含着大量超越时代、超越地域的精神和理念，这些精神和理念被不同时代的人所继承，成为指引不同时代的中国人思想和行为的普遍真理。

例如"以人为本"的精神、自强不息的精神、艰苦奋斗的精神、爱国主义精神、勤俭持家的精神、仁爱爱人的精神、先天下之忧而忧，后天下之乐而乐的奉献精神等。

这些精神充分彰显了中国古代人民的先进思想理念，被历朝历代的人民所继承，在社会发展和建设中起着十分重要的引导作用。现阶段，我国正处于社会主义发展的初级阶段，在世界多元文化发展和多极政治形势下，不仅应当继承中华优秀传统文化，还应对中华优秀传统文化进行创新，才能适应世界形势变革和时代发展，才能保持与时俱进，才能实现中华民族的伟大复兴的中国梦。

因此，中华优秀传统文化的继承性和创造性缺一不可，对中华优秀传统文化的继承是中华优秀传统文化创新的基础；而对中华优秀传统文化的创新则是中华优秀传统进一步发展的前提和条件。

（三）中华优秀传统文化的开放性与包容性

中华优秀传统文化还具有较强的开放性和包容性特点。中华优秀传统文化内涵丰富，包罗万象，如果按照学术流派进行划分，则可划分为数之不尽的流派。

从历史时代发展的角度来看，中华优秀传统文化包括先秦时期的儒家、法家、道家、墨家、阴阳家、名家、杂家、农家、小说家、纵横家、兵家、医家等诸子百家的思想，也包括秦朝时期开始兴起的郡县制文化，两汉时期的儒家文化，魏晋南北朝时期的玄学文化、隋唐时期的佛教文化，两宋和明朝时期的理学文化，清朝时期的朴学文化等。

从学术流派角度看，中华优秀传统文化中虽然包含着丰富的学术流派文化，然而总体而言中华优秀传统文化的主体则为儒释道文化，建立了儒释道的统一体系，倡导伦理教化。其中"儒"指儒家文化，"释"则为佛教文化，"道"指道教文化。三种文化之间建立了紧密的联系，成为中华优秀传统文化的独特的伦理道德文化。

中华优秀传统文化之所以能形成内涵丰富的文化，与中华优秀传统文化的开放性和包容性特点有关，使得中华优秀传统文化一方面能够广泛吸引各个流派的优秀文化，并与其自身文化融会贯通，从而形成具有极强包容性的文化；另一方面，能够不断进行自身内在文化体系完善，成为涵养民族精神的优秀文化，不断推动中华文明的历史演进和发展。

中华优秀传统文化中包含"以和为贵"的思想，将"天下大同"作为政治目标，追求国家统一、社会稳定、人民安居乐业作为稳定良好局面的根本追求。中国特色社会主义新时代在全新的国内外形势之下，"以和为贵"的思想得以继承与发展，将传统的爱国主义思想与全球责任相结合，立足于新时代，放眼人类提出了构建人类命运共同体的倡议。

人类命运共同体是指世界上各个民族、各个国家之间休戚与共、同呼吸，共命运，应齐心协力，共同面对世界上的各种风险与挑战，共同维护和享受繁华发展的美好局面。构建人类命运共同体，要求中国人民与世界各国人民共同为了建设一个和平长久，安全、繁荣、包容、开放、清洁、美丽的世界环境而不懈努力。构建人类命运共同体的美好理念要求世界上各个国家及民族之间相互尊重、相互信任、坚持公平和正义，保持合作共赢的精神，进而达到共享尊严、共享发展成果，共享安全保障的稳定局面。

构建人类命运共同体倡议的提出，是新时代中国对全球局势深入思考，以及对世界各国利益和人类命运的深刻思考，兼具中华民族伟大的民族情怀和对整个人类世界的担当。

构建人类命运共同体倡议提出后获得了世界各国的普遍认同，并被写入联合国文件，从理念一步步转化为行动，在世界上产生了十分深远和广泛的影响。构建人类命运共同体的倡议，聚焦于现阶段世界的和平与发展趋势，极大地促进了世界各国的发展，推进了全球治理。

（四）中华优秀传统文化的生命力与凝聚力

中华优秀传统文化历经数千年的发展史而始终延续，体现出中华优秀传统文化旺盛的生命力和凝聚力。中华优秀传统文化是世界人类文明发展史上至今唯一一个不曾间断过的文化形态，中华优秀传统文化的这种强大的生命力，促使其能够始终屹立于世界民族之林。

中华民族在数千年的历史中曾经多次面临生死存亡的威胁。

例如近代中国由于闭关自守，不思进取，而被西方国家赶超，之后遭遇西方列强的侵略，中华优秀传统文化濒临灭亡。然而，在危急时刻，中华优秀传统文化彰显出旺盛的生命力和凝聚力。

在西方文化的冲击下，中华优秀传统文化发挥了极大的文化凝聚力，将全体人民团结起来共同抵抗西方列强的侵略，最终取得了胜利，维护了中华文明。中华优秀传统文化之所以拥有强大的生命力和凝聚力是长期以来中华民族形成的语言文字、风俗习惯以及伦理道德精神所决定的。在长期的发展与演变中，中华优秀传统文化已成为中华民族统一思想、规范行为的强大力量源泉，使中国人内心深处有着强烈的文化认同感，从而成为中华民族强大生命力、凝聚力和向心力的重要源泉。

综上所述，中华优秀传统文化具有独特的价值和稀缺性，其中所蕴含的文化理念在引导和培养高校"双师型"教师的国际化能力中起着极其重要的作用，能够提升高校"双师型"教师的爱国主义精神、包容意识、自强意识，以及开放合作的意识等，同时也有利于"双师型"教师在进行国际化交流与合作的同时，坚定信念，传播中华优秀传统文化。

二、建立高校"双师型"教师"走出去"的政策体系强化高校"双师型"教师的国际化思维认知

高校"双师型"教师"走出去"政策体系的建立包括两个层面，即国家

层面和高校层面。

（一）政府有关部门进一步建立和健全高校"双师型"教师"走出去"的政策体系

高校"双师型"教师国际化能力的提升需要我国政府有关部门建立完善的政策体系，具体来说，需要明晰高校"双师型"教师国际化建设的内涵，建立健全高校"双师型"教师国际化标准。

（二）高校进一步明晰"双师型"教师国际化建设的内涵，制定科学合理的"双师型"教师国际化能力培养政策

高职院校根据有关部门构建的"双师型"教师国际化标准科学制定"双师型"教师国际化能力的培养规划，将高校"双师型"教师国际化能力的培养纳入高校国际化发展的规划之中，突出"双师型"教师在高校国际化发展过程中的地位与作用。

具体来说，高职院校应当结合我国"双高计划"国际化建设的目标、任务及高职院校的办学实际，不断研制符合高校办学定位与发展特色的教师国际化能力培养规划，制定"双师型"教师国际化能力提升中长期规划，为"双师型"教师提供良好的国际化能力提升的政策保障。同时建立健全"双师型"教师的国际化能力培养的培训、考核、评价和激励机制。

（三）高校应当根据国家有关政策进一步明确"双师型"教师国际化的个人发展目标

高职院校应当根据我国有关部门发布的"双高计划"国际化建设目标任务，从国际化思维能力、国际化教学能力、国际化专业能力及国际化交流能力四个方面制订高校"双师型"教师国际化能力的标准体系，从而帮助"双师型"教师进一步制定国际化能力发展的目标。同时，高校还应当结合高职院校国际化发展的规划，引导高校"双师型"教师分阶段地制定个体教师国际化能力提升规划，从而保障高校"双师型"教师国际化能力的提升与其所在的高职院校国际化发展规划同频同振，跟上高职院校国际化的步伐。

（四）高校应当重视对"双师型"教师的观念引导，引导"双师型"教师建立国际化思维认知

高职院校在加强"双师型"教师国际化能力的建设过程中应当进一步引导"双师型"教师科学、正确地理解个体教师的国际化能力与高职院校国际化能力之间的关系，引导高校"双师型"教师深刻认识到国际化能力培养对高职院校的长远发展及"双师型"教师个体长远发展的影响，不断强化"双师型"教师的国际化思维认知，提升"双师型"教师在国际化能力建设方面的认同度，主动积极地参与高职院校的国际化项目实践，在具体的实践中，不断提升高职院校"双师型"教师的国际化能力。

三、构建高校"双师型"教师的国际化培养体系，提升高校"双师型"教师国际化教学能力

高校"双师型"教师国际化能力是一项涉及多个方面的综合能力，政府和高校应当进一步构建高校"双师型"教师的国际化培养体系，从而从各个方面有效提升高校"双师型"教师国际化教学能力。具体来说，可从以下几个方面着手。

（一）构建高校"双师型"教师国际化能力培养培训体系，分层分类提升高校"双师型"教师的国际化教学能力

高校"双师型"教师国际化能力的培养，并非一朝一夕之功，高职院校应当结合该校的专业建设情况，以及"双师型"教师发展的需求，不断通过拓展国内外具有跨国资质的高校与科研机构的合作，通过短其培训和长期培养相结合的手段构建分层、分类的"双师型"教师国际化能力培养培训体系，有规划地提升高校"双师型"教师的国际化教学能力。

例如对于青年"双师型"教师来说，通过相关政策引导，鼓励青年教师接受更高层次的教育，到国外相关专业院校就读博士，从而在学习国际先进的教育理念、教学方法和教学管理等，不断强化高校"双师型"教师的国际化教学能力，同时也可在这一过程中不断培养和提升青年"双师型"教师的

国际化思维，为其今后的国际化能力培养奠定良好的基础。

对于骨干型"双师型"教师来说，可以通过国内外专项培训、境外考察、出国研修访学等途径为骨干型"双师型"教师搭建良好的国际化能力培养平台，从而使得骨干型"双师型"教师能够有机会学习相关专业的国际化认证体系、国际化课程资源开发，以及人才培养方案制定等方面的知识，有利于不断提升骨干型"双师型"教师的国际化教学能力的发展。

（二）进一步引进国际先进的职业教育资源，开发具有中国特色的国际教育品牌

近年来，伴随着我国高职教育的发展，尤其是"双高"计划的发布，为我国高职教育国际化的发展奠定了良好的基础。在全球职业教育快速发展的前提下，高职院校若想获得良好的发展机遇，必须立足自身的优势特色专业，通过与国际先进的职业教育院校或机构开展合作，从而积极建设与国际产能结构相适应的职教资源体系。具体来说可从以下几个方面着手。

1. 对标相关专业的国际标准，构建本校职业教育的相关标准

通过引进国际先进的职业资格认证体系、结合本校优势专业引进国际专业标准，以及课程体系和人才培养方案，引导"双师型"教师对标相关专业的国际标准，构建本校职业教育的相关标准，在此过程中能够加强"双师型"教师对相关专业国际教学领域的深入了解，从而达到提升高校"双师型"教师教学能力的作用。

2. 与自身院校优势专业相关的国际院校或机构合作，引进教育资源

引进国际教育资源后，针对相关教育资源，应当结合本校的教学实际，进行国际教育资源的本土化改造，以便构建适合本校的专业标准、课程标准、课程体系和本土教材，在这一过程中，引导"双师型"教师参与，并培养和提高"双师型"教师的国际化教学能力。在使用国际教育资源进行教学的过程中，激励"双师型"教师对原有资源进行创新，使其形成富有中国特色、兼具国际标准的教育资源，打造中国的职业教育国际品牌。

（三）与国内外国际教育机构开展多样化的教学合作，为高校"双师型"教师积极国际化教学经验提供机遇

高职院校应当结合本校的优势专业，以及实际办学需求，与国内外国际教育机构开展多样化的教学合作。例如通过开展中外合作办学项目、国外人员文化技能培训、"双师型"教师海外教学和培训，以及留学生学历教育等方式，为高校"双师型"教师积极国际化教学经验提供机遇，使得高校"双师型"教师能够在具体的教学实践中充分了解相关专业领域国际化的教学环境、教学对象、教学内容，以及教学方法，提升高校"双师型"教师的外语水平以及信息化教学水平，不断通过积累国际化教学实践经验而提升高校"双师型"教师的国际化教学能力。

四、打造高校"双师型"教师的海外培养平台，锤炼高校"双师型"教师国际化专业能力

高校"双师型"教师国际化专业能力的培养需要高职院校通过打造多样化的海外培养平台来实现。具体可从以下几个方面着手。

（一）与实力企业合作，开展跨国合作项目

高职院校可与优势专业相关领域的外资企业、跨国企业开展合作，定期派遣"双师型"教师到跨国企业的海外分公司开展专业培训，或产教融合等项目，为高校"双师型"教师提供走出国门，到国际环境中与企业进行合作的机遇。

无论是从事培训、科研等社会服务活动，还是开展校企合作项目，均能够为高校"双师型"教师提供面向海外真实生产环境的能力培养平台，使得高校"双师型"教师有机会将自身所掌握的专业理论知识与企业的海外部门、机构的生产活动相结合，在应用自身的专业为企业提供服务的同时，学习海外企业的新技术、新工艺、新标准和新规范，并不断将其转化为自身的技能，在实践中提升高校"双师型"教师的国际化专业能力。

（二）与跨国企业合作，建立校企科技创新平台

跨国企业所面临的生存环境并不局限于国内，而是需要参与国际社会的竞争。高职院校可与具有实力的跨国企业合作，建立校企科技创新平台，使高校"双师型"教师依托校企科技创新平台进行创新工作。高校"双师型"教师可以通过与跨国企业的科研部门协作，共同开展课题研究、产品研发、技术创新、成果转化及智库咨询等专业服务，使得高校"双师型"教师得以感受真实的国际竞争环境，并在真实的项目参与中不断提升自身的国际化专业能力。

（三）通过鼓励高校"双师型"教师或组织学生参加世界技能大赛的方式，不断提升高校"双师型"教师的国际化专业能力

近年来，伴随着全球范围内职业教育的快速发展，各种世界技能大赛活动越来越多，世界技能大赛活动通常代表着某一专业领域的世界最高技术标准。

世界技能大赛是最高层级的世界性职业技能赛事，由世界技能组织举办，每两年举办一次，被誉为"世界技能奥林匹克"，是世界技能组织成员展示和交流职业技能的重要平台。世界技能大赛比赛项目共分为 6 个大类，分别为艺术创作与时装、建筑与工艺技术、信息与通信技术、制造与工程技术、社会与私人服务、运输与物流等，共计 46 个竞赛项目（见表 9-2）。

表 9-2　世界技能大赛竞赛项目一览表

大类	竞赛项目
运输与物流	飞机维修（Aircraft Maintenance）
	车身维修（Autobody Repair）
	汽车技术（Automobile Technology）
	汽车喷漆（Car Painting）
	重型车辆维修（Heavy Duty Vehicle Maintenance）
建筑与工艺技术	砌砖（Bricklaying） 家具制造（Cabinetmaking） 石雕（Stonemasonry） 木工（Carpentry）

大类	竞赛项目
建筑与工艺技术	细木工（Joinery） 园林设计（Landscape Gardening） 室内装饰设计（Painting and Decoration） 电气技术安装（Electrical Installations） 瓷砖贴面（Wall and Floor Tiling） 墙面抹灰和干燥（Plastering and Drywall Systems） 管道与制暖（Plumbing and Heating） 制冷技术（Refrigeration and Air Conditioning）
制造和工程技术	数控铣削（CNC Milling） 数控车削（CNC Turning） 金属加工（Construction Metal Work） 创意建模（Creative Modelling） 电子技术（Electronics） 工业控制（Industrial Control） 机电一体化（Mechatronics） 移动机器人（Mobile Robotics） 模具制造（Mould Making） 自动化技术（Polymechanics/Automation） 薄板技术（Sheet Metal Technology） 焊接技术（Welding） 制造技术团队创意竞赛（Manufacturing Team Challenge） 机械工程设计-计算机辅助设计（Mechanical Engineering Design-CAD）
艺术创作与时装	服装设计与加工（Fashion Technology） 平面设计（Graphic Design Technology） 花卉栽培技术（Floristry） 首饰加工（Jewellery） 商品展示设计（Visual Merchandising）
信息与通信技术	信息网络技术（Information Network Cabling） 信息/计算机网络支持（IT/Network Systems Administration） 信息/软件应用（IT/Software Solutions for Business） 胶版印刷技术（Offset Printing） 网页设计（Web Design）
社会与私人服务	美容（Beauty Therapy） 护理（Caring） 烹饪（Cooking） 面点制作（Confectioner/Pastry Cook） 美发（Ladies'/Men's Hairdressing） 餐饮服务（Restaurant Service）

　　世界技能大赛至今已举办至 46 届，参赛成员来自世界技能组织的数十个国家，一个国家在世界技能大赛中的成绩，在一定程度上可以反映这个国家技术技能发展水平。

　　高职院校可鼓励"双师型"教师参赛或通过指导学生的方式参加比赛，

在准备比赛及参加比赛的过程中不断深入了解相关专业领域的国际标准，在提升学生专业化水平的同时，不断提高"双师型"教师的国际化专业能力。

五、拓宽高校"双师型"教师的交流环境，激发高校"双师型"教师国际化交流能力

高校"双师型"教师国际化能力还包括交流能力，高校"双师型"教师不仅应当具备较高的专业知识素养，还应当具备一定的外语水平，以及跨文化交流能力，才能够参与国际化竞争。对此，高职院校，可通过搭建交流平台、开设相关课程等方式，不断拓宽高校"双师型"教师的交流环境，为高校"双师型"教师创造良好的国际交流环境，不断提升"双师型"教师的国际化交流能力。具体来说，可通过以下几个路径实现。

（一）不断拓宽高职院校中外人文交流渠道，提升"双师型"教师的跨文化交流自信

高职院校"双师型"教师的国际化交流能力不仅要求"双师型"教师具备较高的外语知识，同时，还要求"双师型"教师具备跨文化交流的能力。在跨文化交流的过程中，"双师型"教师应当掌握跨文化思维、克服文化差异带来的交流困境。由于不同民族的文化之间存在价值观差异、思维差异和语言差异等，如果不具备较强的跨文化交流能力，则易陷入跨文化交流困境。

对此，高职院校可通过将"走出去"与"引进来"工程相结合的形式，不断提升高校"双师型"教师的文化自信，在为高校"双师型"教师搭建国际交流平台的同时，通过国际双向交流，不断增强"双师型"教师的国际化交流能力。

（二）通过开设相关的国际文化通识课程，不断提升"双师型"教师的跨文化理解能力

高校"双师型"教师跨文化交流过程中，应当充分认识到不同国家和民族价值观的差异。价值观是在特定的民族文化影响下形成的，具有相对稳定

性和持久性的特点。

例如中华民族在数千年的民族繁衍中形成了和注重群体归属感,崇尚群体取向的价值观,尊老爱幼。而西方一些国家则由于特殊的地理环境和历史文化形成了热衷于冒险和探索,敢于突破常规,崇尚求变心理和个人英雄主义的价值观。高校"双师型"教师在跨文化交流中应当充分了解并尊重不同国家和民族的价值观差异,遵守相关文化的交流禁忌,才能在跨文化交流中取得良好的效果。

有鉴于此,高职院校在培养"双师型"教师的国际化交流能力时,可通过开设相关国际文化通识课程的方式,不断提升高校"双师型"教师的跨文化语言交流能力、相关国际法规、国际礼仪,以及相关行业的全球贸易情况等,有效提升"双师型"教师的跨文化理解能力,进而提升"双师型"教师的国际化交流能力。

综上所述,高校"双师型"教师国际化能力的培养需要国家有关部门,以及高校和跨国企事业单位的共同协作,其中高职院校作为"双师型"教师的直接管理机构,在"双师型"教师国际化能力培养中起着至关重要的作用。

第三节 高校"双师型"教师国际化能力评价改革思路探索

现阶段,我国还未建立起完善的高校"双师型"教师国际化能力评价体系,本节主要对高校"双师型"教师国际化能力评价改革进行研究。

一、制定高校"双师型"教师国际化能力评价标准

高校"双师型"教师国际化能力评价标准是构建高校"双师型"教师国际化能力评价体系的重要部分,本书从高校"双师型"教师的国际化能力的四个维度入手,通过对四个维度的细化构建高校"双师型"教师国际化能力评价标准(见表9-3)。

表 9-3　高校"双师型"教师国际化能力评价标准一览表

能力维度	细分	分值
国际化思维能力	国际化信念	10
	国际化意识	15
	国际化态度	10
国际化教学能力	国际化教学理念	5
	国际化学科知识	5
	国际化教育学知识	5
	国际化课程设计和组织能力	5
	运用教育技术的能力	5
	国际化创新教育能力	5
国际化专业能力	国际化科研能力	5
	国际化培训能力	5
	国际化咨询能力	5
	国际化社会服务能力	5
国际化交流能力	国际化价值观	10
	外语技能	5
	交流与沟通	5
总分	—	100

二、构建高校"双师型"教师国际化能力评价体系

构建高校"双师型"教师国际化能力评价体系应当不断完善高校"双师型"教师评价主体,形成高校、学生、跨国合作组织等多主体的评价主体,坚持对高校"双师型"教师进行科学、公正、客观的评价。

除了高校"双师型"教师的主体之外,高校"双师型"教师国际化能力评价体系还应注重评价指标的激励性和引导性。高校"双师型"教师国际化能力评价体系的目的是提升教师的国际化能力水平,因此,在评价指标的设定中应当注重对"双师型"教师的激励性和引导性。

此外,高校"双师型"教师国际化能力评价体系的构建中,还应当充分

借鉴国内外高校的经验，结合高职院校自身的优势专业以及发展实际，唯其如此才能制定出指标清晰，涵盖高校"双师型"教师多维度国际化能力的评价指标体系。

综上所述，高校"双师型"教师队伍的建设应当注重构建完善的"双师型"教师国际化能力评价体系，健全高校"双师型"教师国际化能力评价机制，不断推进高校"双师型"教师国际化能力的发展。

参考文献

［1］叶澜. 教育概论［M］. 北京：人民教育出版社，2006.

［2］李梦卿. 双师型教师队伍建设比较研究［M］. 武汉：华中科技大学出版社，2010.

［3］马慧婷. 新时期师德建设研究［M］. 武汉：华中科技大学出版社，2014.

［4］梁成艾. 职业学校"双师型"教师专业化发展论［M］. 成都：西南交通大学出版社，2014.

［5］左彦鹏. 高职院校"双师型"教师专业素质研究［M］. 广州：暨南大学出版社，2017.

［6］黄莺，贾雪涛. 双师型教师的专业发展研究［M］. 北京：中国书籍出版社，2019.

［7］方莹，于尔东，陈晶濮. 职业院校"双师型"教师培养研究［M］. 燕山大学出版社，2019.

［8］黄立. 产教融合背景下高职院校"双师型"教师团队建设研究［M］. 长春：吉林人民出版社，2020.

［9］王岚煮. 高职院校双师型教师专业素质培育体系研究［M］. 南京：东南大学出版社，2021.

［10］王琪，张大德. 新形势下构建高校教师师德师风评价体系问题研究［J］. 吉林教育，2019（Z1）：19-22.

［11］崔静静，龙娜娜，等. 新时代地方本科院校"双师型"教师队伍建设研究［M］. 北京：冶金工业出版社，2020.

［12］］隋静. 实施"双培双带"双师型教师队伍的建设［J］. 科技和产业，2011，11（10）：126-129.

［13］肖凤翔，张弛. "双师型"教师的内涵解读［J］. 中国职业技术教育，2012（15）：69-74.

［14］蔡玉俊，赵文平，刘燕. 论高职院校"双师型"教师的社会服务能力［J］. 职业技术教育，2015，36（07）：50-54.

［15］李昌，葛莉. 高职院校"双师型"教师教学能力评价研究［J］. 环球市场信息导报，2017（46）：79.

［16］王仙雅. 高校教师国际化科研成果产出影响因素——基于扎根理论的探索性研究［J］. 科技进步与对策，2017，34（15）：15-19.

［17］黎琼锋，潘婧璇. 高职院校"双师型"教师专业发展路径探析——基于人的全面发展理论视域［J］. 职教论坛，2018（03）：89-93.

［18］刘岩，李娜. 高等教育国际化能力的概念框架［J］. 教育评论，2018（03）：14-18.

［19］焦美莲. 高职院校"双师型"教师综合能力评价体系构建措施解析［J］. 教育现代化，2018，5（43）：109-110.

［20］江雪雯，韩雪军. 应用技术大学"双师型"教师队伍建设研究的进展与趋势［J］. 呼伦贝尔学院学报，2019，27（04）：105-111.

［21］田红磊，蒋金伟，纪海玲，等. 高职院校现代学徒制试点专业"双师型"教师团队构建策略研究［J］. 工业技术与职业教育，2020，18（01）：102-104.

［22］蒋忠中，何娜，刘冉，等. 新时代背景下高校教师师德评价体系的构建及应用［J］. 文教资料，2020（06）：98-100.

［23］刘传熙. 高职院校适应社会需求能力研究［J］. 广西教育，2020（31）：123-125+150.

［24］全敏. 高职院校青年教师师德现状审视及培养对策研究［J］. 科技资讯，2020，18（13）：245+247.

［25］丁馨."一带一路"背景下的高职院校教师国际化发展［J］. 教育与职业，2020（11）：74-79.

［26］胡丽娜，孟莉，金明盛."双高计划"背景下高职院校教师提升社会服务能力路径研究［J］. 职教论坛，2020（03）：77-83.

［27］贾斌. 高职院校"双师型"教师专业核心能力提升策略—基于可持续供应链视角［J］. 淮南职业技术学院学报，2021，21（02）：65-67.

[28] 郑淼，李庆华，于蓉. 产教融合背景下高职教师社会服务能力提升的影响因素分析 [J]. 科学咨询（科技·管理），2021（12）：102-104.

[29] 丁馨. 高职院校教师社会服务能力提升的现实困境与具体路径 [J]. 教育与职业，2021（13）：58-62.

[30] 刁均峰，韩锡斌. 职业教育"双师型"教师教学能力评价指标体系构建 [J]. 现代远距离教育，2021（6）：13-20.

[31] 耿晓哲，刘姣，孟香香，杨勇. 高职院校"双师型"教师队伍发展策略研究 [J]. 中外企业文化，2021（06）：165-166.

[32] 王宁，许衍琛. 高职"双师型"教师专业能力标准的建设构想 [J]. 职业技术，2021，20（04）：30-34.

[33] 周威. 高职院校教师师德养成方法与途径 [J]. 科学咨询（教育科研），2021（02）：25-26.

[34] 顾桢. 提升高职院校教师社会服务能力对策研究 [J]. 南宁职业技术学院学报，2021，29（06）：27-32.

[35] 马燕. 高等教育国际化背景下地方财经高校教师"四种能力"培养路径 [J]. 广西教育，2021（07）：88-89+95.

[36] 李志梅，魏本建. 高职院校"双师型"教师认定标准及应具备的能力素质结构分析 [J]. 现代职业教育，2021（38）：130-131.

[37] 田涛涛. 多维度打造国际化工作助力"双高"院校转设本科 [J]. 内江科技，2021，42（10）：126-128+156.

[38] 宋倩倩. 高职工科教师国际化能力发展的层级培养模式探微 [J]. 大众科技，2021，23（01）：94-96.

[39] 曹大辉，汪焰，程有娥. 高职院校"双师型"教师专业发展的内涵特征及路径 [J]. 浙江工贸职业技术学院学报，2022，22（02）：11-13+43.

[40] 李晓龙. "双高计划"背景下高职院校教师国际化能力的现实审视与提升路径 [J]. 襄阳职业技术学院学报，2022，21（03）：10-14+90.

[41] 尹克寒. 高职院校"双师型"教师专业能力建设研究 [J]. 教育与职业，2022（11）：57-61.

[42] 姬玉洁, 张玉洲. 工程训练教师师德评价体系建构的研究与实践[J]. 职业教育研究, 2022（09）: 69-73.

[43] 苏玉玲. 高职"双师型"教师专业素质评价指标体系的构建［J］. 江苏经贸职业技术学院学报, 2022（04）: 67-71.

[44] 翟炜翔, 张秀丽. 医学高职"双师型"教师社会服务能力研究［J］. 继续医学教育, 2022, 36（06）: 85-88.

[45] 周鲁珺. 高职院校"双师型"教师队伍建设研究［D］. 西北农林科技大学, 2014.

[46] 张志雄. 广东省高职院校"双师型"教师队伍建设研究［D］. 石河子大学, 2015.

[47] 宋明江. 高职院校"双师型"教师教学能力发展研究［D］. 西南大学, 2015.

[48] 周佩. 高职院校"双师型"教师教学能力发展研究［D］. 兰州大学, 2017.

[49] 许军华. 中国高等工程教育国际化战略路径研究［D］. 西南交通大学, 2017.

[50] 蔡芬. 普通本科院校转型背景下"双师型"教师队伍建设研究［D］. 兰州大学, 2018.

[51] 潘婧璇. 高职院校"双师型"教师专业发展策略研究［D］. 广西师范大学, 2018.

[52] 周莹. 河南省高职院校"双师型"教师队伍建设研究［D］. 河南大学, 2019.

[53] 葛大伟. 新时代高校师德建设研究［D］. 武汉大学, 2020.

[54] 付含菲. 产教融合背景下高职院校"双师型"教师队伍建设研究［D］. 湖北工业大学, 2020.

[55] 陈璐瑶. 天津市民办高职院校"双师型"教师队伍建设研究［D］. 天津职业技术师范大学, 2020.

[56] 徐瑞雪. "一带一路"工程技术人才国际化能力模型建构及其培养策略研究［D］. 浙江大学, 2020.

［57］ 刘红艳. 加拿大高校教师国际化能力建设研究［D］. 华中师范大学，2020.

［58］ 王柯萌. 山东省高等职业教育国际化发展研究［D］. 山东大学，2021.

［59］ 吴宗约. 广西本科院校学生国际化能力提升路径研究［D］. 广西大学，2021.

［60］ 谢斯烨."双一流"建设中地方高校研究生教育国际化发展路径研究［D］. 湘潭大学，2021.

［61］ 王义澄. 建设"双师型"专科教师队伍［N］. 中国教育报，1990-12-5（3）.

附　录

2022 年《教育部教师工作司关于公布首批全国职业院校"双师型"教师队伍建设典型案例的通知》公布了首批高等职业学校"双师型"教师队伍建设典型案例的名单，其中 100 个高职院校的"双师型"教师队伍建设从全国高职院校中脱颖而出。

附录 1　首批高等职业学校"双师型"教师队伍建设典型案例名单

序号	案例名称	申报学校
1	夯实"三维"成长基石　建设高水平双师队伍	金华职业技术学院
2	精准发力　校企共育　打造一流"双师型"教师队伍	郑州铁路职业技术学院
3	传承百年基因　努力打造高素质"教练型"混编师资队伍	南京工业职业技术学院
4	标准引领　平台支撑　机制创新	宁波职业技术学院
5	产教融合　德技并修　打造新时代"双师型"教师队伍	北京电子科技职业学院
6	实施"一行动、四计划"打造高质量"双师型"教师队伍	江苏食品药品职业技术学院
7	十二年磨一剑——高职院校产教融合、校企共育"双师型"教师队伍的探索与实践	陕西铁路工程职业技术学院
8	"三位一体"打造培养双师　校企团队共建发展双师	天津职业大学
9	"双师型"教师队伍建设案例	北京信息职业技术学院
10	校企共培　双轨融通　合力打造高水平"双师型"教师队伍	内蒙古机电职业技术学院
11	"二维 X 梯度"培养　"专兼混编"教学	江苏建筑职业技术学院
12	校企合作　多措并举　打造"双师型"教师队伍	辽宁农业职业技术学院
13	一体两翼联动培养　阶梯递进团队建设	吉林工程职业学院
14	创新培育机制　铺就"双师"之道	广东轻工职业技术学院
15	"四维"提升模式下的"双师型"教师队伍建设创新与实践	辽宁铁道职业技术学院
16	体系化布局　项目化推进　分类化培养	厦门南洋职业学院
17	构建"四轮驱动、多元交互"双能教师培育体系　打造高水平"双师型"教师队伍	潍坊职业学院

序号	案例名称	申报学校
18	创新机制　严把"三关"　打造高水平"双师型"教学团队	唐山工业职业技术学院
19	"一个中心、五个机制、八项计划"　全面推进"双师型"教师队伍建设	广东机电职业技术学院
20	构建内生动力机制　打造高水平"四有""双师型"教师队伍	广东交通职业技术学院
21	标准引领　途径创新　成果导向　打造新时代高水平双师队伍	威海职业学院
22	高素质"双师型"教师队伍建设案例	鄂州职业大学
23	"双师型"教师队伍建设经验	山西机电职业技术学院
24	实施五项工程　打造"三师三能"型优秀教学团队	辽宁机电职业技术学院
25	校企互动　产教融合　共建"双师"	上海城建职业学院
26	创新理念　重塑角色　打造高水平"双师"团队	山东科技职业学院
27	"双师型"教师队伍建设案例	新疆农业职业技术学院
28	强化高标准引育并重　打造高水平"双师"队伍	福州职业技术学院
29	实施"151计划"　推动"双师型"教师队伍建设水平再上新台阶	九江职业技术学院
30	德技并修育人　匠心筑梦兴农	黑龙江农业经济职业学院
31	"一体两翼、师德贯穿、阶梯递进"的高水平双师队伍培养体系探索与实践	常州工程职业技术学院
32	多项植根行业发展　铸造时代之师	浙江交通职业技术学院
33	构体系　筑平台　拓渠道　打造高水平"双师型"教师队伍	河南交通职业技术学院
34	多措并举　打造德技兼备、育训皆能"双师型"教师队伍	黄河水利职业技术学院
35	深耕内涵　服务发展　多措并举打造高水平双师队伍	乐山职业技术学院
36	"四项"改革激活力　校企互通育"双师"	漳州职业技术学院
37	建立校企共育共管制度　打造高素质"双师型"队伍	厦门海洋职业技术学院
38	一师一方案育"双师"　六个一工程锻双能	湖南机电职业技术学院
39	构建互兼互聘机制　推进教师专业实践	宁波卫生职业技术学院
40	着力加强制度建设与培养培训　打造高水平"双师型"教师队伍	湖南铁道职业技术学院
41	"双师"教师队伍建设经验	三亚航空旅游职业学院
42	"双师型"教师队伍建设工作案例	青海警官职业学院
43	新时代　新举措　打造"双师型"教师队伍新高地	山东畜牧兽医职业学院

序号	案例名称	申报学校
44	"双师型"教师队伍建设案例	兰州石化职业技术学院
45	实施双师分级认定　打造"上得了讲台、下得了车间"的"双师型"教师队伍	长沙航空职业技术学院
46	立足园区　对接需求　五轮驱动实现两个促进	佛山职业技术学院
47	创新教师兼职兼薪机制　搭建多元发展平台　打造德技双鑫"双师型"教师团队	天津渤海职业技术学院
48	建设"共育共享、同策同进、互评互认"的政企校协同培养"双师型"教师机制	长春汽车工业高等专科学校
49	机制保障　名师引航　匠心传承　追求卓越——记长春职业技术学院机电一体化技术专业教师团队	长春职业技术学院
50	"三栖双聘"　打造高水平机电一体化双师队伍	苏州工业园区职业技术学院
51	校企行政四方协同　内培外引两手并重　着力打造一流"双师型"教师队伍	杨凌职业技术学院
52	深化人才体制机制改革　"四大工程"引领建设高水平"双师型"师资队伍	重庆财经职业学院
53	"双师型"教师队伍建设案例	成都航空职业技术院
54	以"现代学徒制试点"为抓手　"七位一体"多平台联动　推动"双师型"教师队伍建设全面升级	云南国土资源职业学院
55	推行一体化　打造"三师型"师资队伍	大庆职业学院
56	校企协同谋创新　"四合四融"建队伍——商科高职院校"双师型"教师队伍建设的实践探索	河南经贸职业学院
57	聚集优质资源　服务高原山区公路建设　打造道路桥梁工程技术专业高水平"双师型"教师队伍	云南交通职业技术学院
58	"2345"模式"双师型"教师队伍建设案例	广西交通职业技术学院
59	建立高职院校、企业人才"双栖"制度实践	天津电子信息职业技术学院
60	"双岗双职一体化"　打造国家级药品生产技术教学创新团队	江苏农牧科技职业学院
61	校企双向融合　教师内外兼修　打造职教培训双能型"新双师"	三峡电力职业学院
62	多措并举　着力打造高水平"双师型"教师队伍	福建林业职业技术学院
63	"湘字号"非遗大师工作室群合力培育工美特殊"双师型"教师	湖南工艺美术职业学院
64	无"双师"不职教——推进高素质"双师型"教师队伍建设与管理创新案例	广东女子职业技术学院
65	"双师型"教师队伍建设路径与特色	北京财贸职业学院

序号	案例名称	申报学校
66	制度创新 多措并举 打造德业兼备的"双师型"教师队伍	上海电子信息职业技术学院
67	构建"123"校企共育共享"双师"培养模式 打造"双师三能"师资队伍	石家庄邮电职业技术学院
68	打造"千人大金融智库" 深化基于"业务流程"的模块化教学改革	浙江金融职业学院
69	"培、引、评"三轮驱动高水平双师队伍建设	长沙民政职业技术学院
70	健全保障机制 建设"双师型"教师队伍	海南科技职业大学
71	实施五大工程 打造高水平"双师"队伍	海南职业技术学院
72	"双师型"教师队伍建设案例	锡林郭勒职业学院
73	"双师型"教师队伍建设经验	广东水利电力职业技术学院
74	持续提升"双师型"教师队伍建设水平的实践探索	广州番禺职业技术学院
75	聚焦"双师" 看物流教师成长的故事	安徽工商职业学院
76	校企联动 项目载体 以高水平大学建设为龙头 全面加强"双师型"师资团队建设	安徽财贸职业学院
77	紧跟技术前沿 培养与新技术新工艺同向同行的"双师"教师	柳州职业技术学院
78	"双师型"教师队伍建设案例	山东电子职业技术学院
79	校企合作 产教融合 打造"双师"筑梦职教	青海交通职业技术学院
80	药品生产技术专业群"双师型"教师队伍建设实践	天津现代职业技术学院
81	"双师型"教师队伍建设案例	武汉交通职业学院
82	校内构建三级研修体系 校企协同打造"双师"素质	太原旅游职业学院
83	BIM技术"双师型"教学创新团队建设	广西建设职业技术学院
84	实施"三五三"工程 打造"双师型"高职师资队伍	天津轻工职业技术学院
85	传承新时代工匠精神 打造高水平"双师"队伍	包头职业技术学院
86	创新师资发展机制 建设名师引领、德技一流、专兼结合的酒店管理专业教学团队	青岛酒店管理职业技术学院
87	"双师型"教师队伍建设工作经验	银川职业技术学院
88	"政府园区"搭平台 "一企一策"育双师	湖南理工职业技术学院
89	以人为本 以德为先 打造一支高素质、专业化的"双师型"教师队伍	山西林业职业技术学院
90	"双师型"教师队伍建设的实践探索	无锡职业技术学院

序号	案例名称	申报学校
91	聚焦师资综合素养 建设一流"双师型"教师队伍	苏州旅游与财经高等职业技术学校
92	"双师型"教师队伍建设经验	荆门职业学院
93	高素质"双师"教师队伍建设之路	重庆电子工程职业学院
94	护理专业"双师型"教师团队建设案例	德宏职业学院
95	校企一体显优势 双师教师促发展	昆明工业职业技术学院
96	成立产业教育联盟 汇聚行业精英发展、产教融合、校企合作 推动"双师型"教师队伍建设	山东城市建设职业学院
97	搭建培育平台 打造教学团队 助力"双师"能力提升	西安航空职业技术学院
98	"三元"互动 共建一流双师队伍	珠海城市职业技术学院
99	用"工匠精神"造就"现代鲁班"——记黑龙江林业职业技术学院世界技能大赛专家教练团队	黑龙江林业职业技术学院
100	校企合作 多措并举 打造高水平"双师型"教师队伍	河南职业技术学院

附录2 首批高等职业学校"双师型"教师个人专业发展典型案例名单

序号	案例名称	申报学校
1	初心引领身正为范 不忘使命学高为师——浙江交通职业技术学院教师戎成	浙江交通职业技术学院
2	从"企业专家"到"职教名师"的快速转型——天津机电职业技术学院教师刘勇	天津机电职业技术学院
3	健全教学改革 推动"双师型"教师建设——青岛酒店管理职业技术学院教师王桂云	青岛酒店管理职业技术学院
4	践行双师身份 成就国内牛病临床防治一流专家——北京农业职业学院教师侯引绪	北京农业职业学院
5	以适应产业需求为导向 提升专业实践教学能力的探索与实践——深圳信息职业技术学院教师覃国蓉	深圳信息职业技术学院
6	用勤奋坚持书写首席技师的精彩人生——芜湖职业技术学院教师周自宝	芜湖职业技术学院
7	企业长才干 职教显身手——长沙民政职业技术学院教师黄有全	长沙民政职业技术学院
8	勤学奋进强技能 薪火相传建团队 潜心教改育英才——广东轻工职业技术学院教师龚盛昭	广东轻工职业技术学院

序号	案例名称	申报学校
9	高职院校"土生土长"的优秀双师型教师成长之路——长沙航空职业技术学院教师宋福林	长沙航空职业技术学院
10	以应用技术研发为载体 育炼"双师"技能——青岛职业技术学院教师李峰	青岛职业技术学院
11	"授之以鱼渔与欲"点亮职教生心灯的"双师型"教师成长历程——广东交通职业技术学院教师郭海龙	广东交通职业技术学院
12	紧抓职业教育发展机遇 做一名新时代的高职教师——湖北生物科技职业学院教师陈文钦	湖北生物科技职业学院
13	复制劳模和工匠的职教人——包头职业技术学院教师王文山	包头职业技术学院
14	依托平台 校企共育 勇于创新 高水平"双师双能双语"教师培养与成才案例——宁波职业技术学院教师胡克满	宁波职业技术学院
15	扎根一线 以综合能力全面提升助力团队和学生高质量发展——淄博职业学院教师李高建	淄博职业学院
16	不忘初心 砥砺前行 十年如一日 只为兴农而求索——江苏农林职业技术学院教师解振强	江苏农林职业技术学院
17	基于校企"产学研"合作 筑优质"双师型"教师成长之路——安徽职业技术学院教师鲍俊瑶	安徽职业技术学院
18	从中车工程师到职教名师的成长之路——湖南铁道职业技术学院教师陶艳	湖南铁道职业技术学院
19	转型"双师"育英才 产教融合提质量——湖南工艺美术职业学院教师张继荣	湖南工艺美术职业学院
20	重庆工业职业技术学院教师李雷专业发展案例	重庆工业职业技术学院
21	通过产学研平台建设 筑成名师成长之路——山东水利职业学院教师赵黎	山东水利职业学院
22	铁路职业教育的"黄大年"——郑州铁路职业技术学院教师张中央	郑州铁路职业技术学院
23	安徽机电职业技术学院教师王爱国专业发展案例	安徽机电职业技术学院
24	从国企高工到大学教授 演绎职教人生的精彩——浙江广厦建设职业技术学院教师潘光永	浙江广厦建设职业技术学院
25	从高工到大师 从个人优秀到团队卓越——顺德职业技术学院教师徐言生	顺德职业技术学院
26	不忘初心 砥砺前行——福建卫生职业技术学院教师郑翠红	福建卫生职业技术学院
27	理论扎实 技能过硬 "双师型"教师养成记——长江职业学院教师袁贵	长江职业学院

序号	案例名称	申报学校
28	从"职教菜鸟"到"职教名师"的筑梦职教之路——湖南铁路科技职业技术学院教师余滢	湖南铁路科技职业技术学院
29	不忘初心　真抓实干　勤奋创新铸就新时代的工匠之师——湖南工业职业技术学院教师欧阳陵江	湖南工业职业技术学院
30	以卓越专业教学为基　谋"产教融合"新成果——浙江经济职业技术学院教师张颖	浙江经济职业技术学院
31	执着追求　厚德精业——鄂州职业大学教师汪建立	鄂州职业大学
32	高职院校自己培养的国家级技能大师——柳州职业技术学院教师甘达淅	柳州职业技术学院
33	做职业教育向类型教育转型的优秀践行者——潍坊职业学院教师邱明静	潍坊职业学院
34	兰州资源环境职业技术学院教师马琼专业发展案例	兰州资源环境职业技术学院
35	下海能驾船　上陆能教书——河北交通职业技术学院教师刘连和	河北交通职业技术学院
36	凝练双师优势　凸显育人成效——河南经贸职业学院教师余勇	河南经贸职业学院
37	西部职教战线上的高新技术尖兵——甘肃工业职业技术学院教师金佛荣	甘肃工业职业技术学院
38	从科研到教学　探索文化赋能学生能力培养——北京财贸职业学院教师贾宁	北京财贸职业学院
39	不忘初心　砥砺前行——唐山工业职业技术学院教师杨成刚	唐山工业职业技术学院
40	上海交通职业技术学院教师缪巧军专业发展案例	上海交通职业技术学院
41	重庆城市管理职业学院教师金莹专业发展案例	重庆城市管理职业学院
42	教学、科研、服务相结合　打造专家型双师——上海农林职业技术学院教师张江	上海农林职业技术学院
43	培育生命使者　浇灌惠世之花——泉州医学高等专科学校教师彭金	泉州医学高等专科学校
44	青春无悔　职教园地绚丽绽放——兰州石化职业技术学院教师马延斌	兰州石化职业技术学院
45	在服务生产、教学改革和精准扶贫中成长——新疆农业职业技术学院教师柳旭伟	新疆农业职业技术学院
46	不忘初心　课程建设永远在路上——宁波城市职业技术学院教师黄艾	宁波城市职业技术学院
47	竞赛指导提升技术技能　社会服务提升实践能力——金华职业技术学院教师刘子坚	金华职业技术学院

续表

序号	案例名称	申报学校
48	扎根技能人才培养　树立"四川工匠"典范——四川工程职业技术学院教师胡明华	四川工程职业技术学院
49	技能点亮人生　勇当新时代教育教学改革先锋——北京劳动保障职业学院教师季琼	北京劳动保障职业学院
50	守育人初心　担职教使命——福建水利电力职业技术学院教师郑志萍	福建水利电力职业技术学院
51	融入特色农业行业　提升教育教学水平——云南农业职业技术学院教师王孟宇	云南农业职业技术学院
52	国际背景下远洋船长的职业教育历程——海南科技职业大学教师黎冬楼	海南科技职业大学
53	孜孜不倦科研路　严谨治学育人才——江西工业贸易职业技术学院教师熊科	江西工业贸易职业技术学院
54	陕西工业职业技术学院教师张顺星专业发展案例	陕西工业职业技术学院
55	金泉工程助推"双师型"教师个人专业发展——江苏建筑职业技术学院教师戚豹	江苏建筑职业技术学院
56	躬行践履　潜心教研促成长——常州信息职业技术学院教师张静	常州信息职业技术学院
57	重庆电子工程职业学院教师陈志军专业发展案例	重庆电子工程职业学院
58	大气担当敢作为　潜心培育"百灵鸟"——宁波城市职业技术学院教师胡志伟	宁波城市职业技术学院
59	唱响职教人工智能的新声音——黑龙江农垦科技职业学院教师谭庆吉	黑龙江农垦科技职业学院
60	在教学中成长　在实践中进步——黄河水利职业技术学院教师楚红英	黄河水利职业技术学院
61	树"北疆工匠"　育"草原英才"——内蒙古机电职业技术学院教师雷彪	内蒙古机电职业技术学院
62	江西机电职业技术学院教师张莉专业发展案例	江西机电职业技术学院
63	甘肃卫生职业学院教师卢玉彬专业发展案例	甘肃卫生职业学院
64	锡林郭勒职业学院教师韩鸿雁专业发展案例	锡林郭勒职业学院
65	不忘初心　敢为人先——重庆财经职业学院教师肖妍	重庆财经职业学院
66	扎根企业"挂职、培训、科研"相结合　提升"双师"素质——石家庄邮电职业技术学院教师孙博	石家庄邮电职业技术学院
67	兰州石化职业技术学院教师田华专业发展案例	兰州石化职业技术学院

序号	案例名称	申报学校
68	四川职业技术学院教师陈德航专业发展案例	四川职业技术学院
69	发挥实践特长 勇挑教学重担 展现新时代"双师"素质教师新风采——杨凌职业技术学院教师赵旭升	杨凌职业技术学院
70	研精致思教学育人 砥身砺行永不止步——厦门城市职业学院教师赖玲玲	厦门城市职业学院